그 사람과 나는 왜 항상 꼬이는 걸까

그 사람과 나는 왜 항상 꼬이는 걸까

인간관계로 상처받고
후회하는 사람들이
정작 모르는 실수의 심리

아시하라 무츠미 지음 | 이서연 옮김

한문화

머리말

인간관계에서 실수는 되풀이된다

세상에는 어떤 일이든 빈틈없이 완벽하게 처리하는 사람들이 있다. 아니 '완벽한 듯' 처리하는 사람들이 있다. 사실 우리가 완벽하다고 보는 이들의 삶 또한 실수투성이다. 그들이 특별하게 생각되는 이유는 경험을 발판으로 같은 실수를 되풀이하지 않기 때문이다.

이들의 반대편에는 '이유도 모른 채 같은 실수를 반복하는 사람들'이 있다. 이런 사람들은 실수를 저지르고 또 반복한다. 도저히 나아질 기미는 보이지 않는다. 그들은 실수를 저지르고 이렇게 말한다.

"이거 참, 또 저질렀네."

"이번엔 안 그러려고 했는데. 왜 자꾸 이러지?"

우리가 일상에서 저지르는 실수를 나열하자면 끝이 없다. 가정폭력이나 낭비벽처럼 정도가 심한 것부터 말실수나 건망증처럼 가벼운 것까지 다양하다. 그 중 인간관계에서 벌어지는 실수는 가장 큰 상처로 남는다. 실수가 우리 마음 속 깊이 남는 이유 또한 다른 사람과 연관된 탓이 크다. 때문에 여기서는 인간관계에서 벌어지는 실수에 초점을 맞추었다. 사람들 간에 벌어지는 실수만 줄여도 우리 삶은 더 편안해질 것이다.

이유도 모른 채 같은 실수를 반복하는 사람들

그렇다면 우리는 왜 인간관계에서 실수를 하는 것일까? 그 실수는 고의일까, 우연일까?

사람들 간의 교류를 통해 인간 심리를 분석하는 교류분석 심리학은 인간관계에서 벌어지는 실수를 '게임(게임은 교류분석 중 가장 활발히 활용되는 인간관계 심리 기법 중 하나다)'이라고 한다. 본문에서 상세히 설명하겠지만 게임을 간단히 정의하면 이렇다.

'게임이란 사람들 사이에서 되풀이되는 참회와 후회, 그리고 나쁜 습관!'

인간관계에서 '아, 또 쓸데없는 소리를 했네. 왜 그랬지?' 혹은 '같은 일로 또 실수했네'라고 느낀 적이 있는가? 그랬다면 나도 모르는 게임에 빠졌을 가능성이 높다. 또 때와 장소, 사람은 달라도 누군가를 만나 울화가 치밀었거나 불쾌했거나 민망한 감정이 반복된다면 역시 게임에 빠졌을 가능성이 높다.

이런 불쾌감의 패턴과 방식은 대체로 일정하다. 물론 사람에 따라 감정을 드러내는 방식에는 차이가 있다. 어떤 사람은 소외 받았다고 느낄 때 슬퍼지고, 다른 사람은 자존심에 상처를 입었다고 느낄 때 화가 난다. 또한 비판받으면 위축되는 사람이 있고, 지적받으면 흥분하는 사람도 있다. 그런데 사람을 만날 때마다 혹은 특정한 누군가를 만날 때마다 이런 감정이 늘 반복됐다면 상대는 물론 자신도 몰랐던, 그리고 여전히 모르는 심리 게임에 빠진 것이다.

우리도 몰랐던 나쁜 습관

인간관계에서 생기는 불쾌감을 교류분석에서는 '라켓 감정(racket feeling)'이라고 한다. 라켓 감정에 잠겨 마음속에 원한과 후회를 쌓고 하루하루를 보낸다면 우리의 몸과 마음은 피폐해진다. 만약 그 원인을 모른 채 그런 감정이 계속 반복된다면 문제는 더욱 커질 것이다.

이 책에서는 인간관계에 숨겨진 게임과 '사람과 사람 간의 교류

심리'를 소개하고, 게임을 반복하지 않는 비결을 제시했다. 이를 통해 독자들은 같은 실수를 되풀이하지 않는 비결을 터득하고 풍요롭고 즐거운 인간관계를 구축하기 바란다. 나아가 한두 번의 실패에 좌절하지 말고 '살면서 겪는 사건은 모두 나름대로 의미가 있다'는 믿음을 가지고 적극적으로 살아가기를 기원한다.

심료내과 전문의 아시하라 무츠미

* 심료내과는 내과적 증상과 관련돼 나타나는 신경증을 치료하는 진료 과목이다. 보통 내과 치료와 심리 치료를 병행한다.

차례

머리말 | 인간관계에서 실수는 되풀이된다 4

1 항상 같은 실수를 반복하는 사람들

인간관계의 나쁜 습관 14

조언을 받아들이지 않는 사람 16

얼른 사과하고 끝내는 사람 22

마음속에 있는 세 가지 마음 26

제발 내가 문제라고 말해 36

스스로 함정에 빠지는 사람 42

남은 인정하기 싫어 46

세 마음이 헷갈릴 때 51

마음, 막히거나 치우치거나 57

2 복잡하고 미묘한 심리 게임

의외로 가까이 있는 숨겨진 게이머 66

억지로 친절을 베푸는 사람 68

혼자 고생을 다 떠맡는 사람 74

은혜를 모른다고 화내는 사람 79

자신의 잘못은 모르고 남 탓만 하는 사람 82

주변을 한탄하는 사람 87

불행에 매달려 호소하는 사람 94

게임에도 찰떡궁합이 있다 98

3 사람들은 왜 게임을 할까

인간관계가 지긋지긋하고 괴롭다면 106

마음은 어루만짐을 원한다 109

불쾌한 반응이 무반응보다 낫다 113

마음을 어루만지는 시간 119

게임이라는 강한 자극 125

마음이 불편한 시간 129

"내가 옳다"는 착각 133

일곱 살에 완성되는 인생 계획 139

4 대화로 꿰뚫어 보는 커뮤니케이션의 함정

꼬이는 말 어긋나는 마음 146

메시지가 제대로 전달되는 대화 149

메시지가 어긋나는 대화 152

말 속에 감춰진 삐딱한 속마음 157

게임에는 숨겨진 메시지가 있다 163

속마음을 꿰뚫는 연습 166

5 지금 여기에서 시작하기

게임의 원인을 깨닫자 178

게임을 버리는 연습 181

바보, 문제는 나였어 189

'지금 여기'에서 건투를 빈다 193

맺음말 | 교류분석을 정리하며 197

부록 1 심리 테스트 'OK 그램' 202
부록 2 교류분석에 대해 더 알고 싶은 두세 가지 것들 208

"음, 근데……"

"이 순간만 벗어나면 돼"

"내가 문제인 거지? 그렇지?"

"이 자식, 잘 걸렸어!"

"여자가 말이야, 그러면 안 돼!"

항상 같은 실수를 반복하는 사람들

①

인간관계의
나쁜 습관

우리는 우리와 다른 사람들과의 관계에서 고통받는다. 최후의
근원으로부터 온 그 괴로움은 아마 다른 어떤 것보다 고통스러울 것이다.
- 정신분석가 지그문트 프로이트

직장이나 학교, 지역 사회에는 다양한 사람들이 있다. 커뮤니케이션을 취하는 방법도 각자 다르다. 대하기 쉬운 상대만 있다면 좋겠지만 그렇지 않은 게 현실이다. 분명 마주하기 힘든 상대도 존재한다. 여러모로 비위에 거슬리게 말을 하는 사람, 제멋대로 구는 사람, 늘 사소한 일로 말썽을 부리는 사람 등 어디서든 '곤혹스러운 사람' 한두 명은 꼭 있기 마련이다.

그런데 가만히 보면 이런 유형의 사람들이 불화를 빚는 패턴은 대체로 일정하다. 그들이 문제를 일으킬 때마다 주위에서는 이렇게 쑤군댄다.

"또 시작이야. 쟤는 항상 저런다니까. 진짜 짜증 나."
"또 저 녀석이네. 이번엔 또 뭐야?"

곤혹스러운 사람은 상대가 바뀌어도 상황이 달라져도 항상 비슷한 패턴으로 다른 사람을 불쾌하게 만든다. 즉 인간관계에서 같은 실수를 반복해 저지르는 '나쁜 습관'을 가지고 있는 것이다.

이런 습관은 곤혹스러운 사람만의 특성이 아니다. 인간관계에서는 누구나 일정한 습관을 가지고 있다. 이때 드러나는 나쁜 습관은 개성으로 인정받기도 하지만 커뮤니케이션의 실패로 이어지기도 한다.

여러분은 어떤가? 누군가를 만난 다음, 거북하고 찜찜한 기분이 들어 후회하거나 돌아서서 민망해하고 고민했던 적은 없는가? '아, 또 그랬네' '바보, 내가 대체 왜 그랬지'라는 식으로.

그런 경험이 있다면 그때를 다시 떠올려보라. 혹시 일정한 패턴은 없었는가? 상대나 상황은 다르지만 어느새 비슷한 형식으로 말이 꼬이거나 분위기가 서먹해지는 경우 말이다. 아마 개운치 않은 뒷맛이 그때가 처음은 아닐 것이다. 예전에도 어디선가 씁쓸한 기분을 느꼈을 확률이 높다. 만약 그랬다면 틀림없이 사람을 대하는 과정에서 나쁜 습관이 드러난 것이다. 이런 습관은 본인도 생각지 못한 곳에서 얼굴을 내밀고, 커뮤니케이션을 뒤틀어 상대에게 불쾌감을 준다. 그 감정은 고스란히 내게도 전달돼 개운치 않은 뒷맛을 남긴다. 그렇다면 이런 나쁜 습관은 어디서 나오는 걸까? 지금부터 그 습관의 실체와 원인을 하나씩 따져 보자.

조언을
받아들이지 않는 사람

다음 대화를 살펴보라. 상황은 이렇다. 퇴근을 앞둔 시점, A는 과장으로부터 갑자기 다음날 아침 회의 때 필요한 자료를 준비하라는 지시를 받았다. 그는 동료 B에게 상담을 요청했다.

A : 과장님이 내일 회의에서 부장님께 설명해야 할 건이 있으니까 갑자기 자료를 만들라고 지시하셨거든. 판매액 같은 수치는 역시 그래프로 만들어야겠지?

B : 그렇지. 그래프로 만드는 편이 부장님을 설득하기도 쉽겠지.

A : 음, 근데 정작 과장님은 그래프에 약해서 표로 만들지 않으면 이해하기 어렵다고 불평하시잖아.

B : 아, 맞다. 그럼 표랑 그래프 둘 다 넣어야겠네.

A : 음, 근데 시간이 없어서 둘 다 깔끔하게 만드는 건 무리야.
B : 그럼 이번에 새로 뽑은 인턴 직원한테 도와달라고 해. 그런 거 잘하니까 금방 해줄 거야.
A : 음, 근데 그 인턴은 이 프로젝트랑 별 관계가 없어서 부탁하기 힘들어.
B : 그럼 아르바이트생한테 부탁하면 어때? 데이터만이라도 입력해주면 편하잖아.
A : 음, 근데 아르바이트생을 쓰면 뭔가 불안해. 실수라도 하면 큰일이고.
B : 저기, 미안한데 나 지금 시간이 별로 없거든. 지금 나가봐야 하니까 나중에 봐.

만일 당신이 B의 입장이라면 어떤 기분이 들까? 왠지 모르게 불쾌하거나 못마땅하지 않겠는가. 성미가 급한 사람이라면 "시간도 없다면서 투덜거릴 틈에 얼른 일해!"라고 화를 낼지도 모른다. 왜 이런 상황까지 오게 된 걸까?

보다시피 원인은 A에게 있다. 이 대화를 보면 인간관계에서 A의 나쁜 습관을 알 수 있다. B는 친절하게 이런저런 제안을 내놓고 있다. 하지만 A는 일일이 트집만 잡고 그 제안을 받아들이지 않는다. 오히려 그 제안을 부정하기 위해 갖가지 구실만 댄다. 이 과정에서 "음, 근데……"라는 말을 몇 번이고 반복해 사용한다.

키워드는 "음, 근데……"

처음에 A는 "음"이라고 대꾸해 마치 상대의 의견을 수용하는 척하다가 "근데……"라고 덧붙여 금세 부정한다. 마치 처음부터 '당신의 제안은 받아들이지 않겠다'는 자세로 상담하는 듯하다. B의 입장에서는 "네 제안은 나도 전부 생각해봤어. 더 좋은 조언은 없어?"라고 채근당하는 느낌이 들 수도 있다. 하지만 A는 일부러 그런 말을 하는 게 아니다. 그는 진심으로 동료에게 조언을 구했다. 다만 자기 자신도 모르는 사이에 "음, 근데……"라는 말을 반복하고 있을 뿐이다. 무의식적인 습관인 것이다.

  이런 A의 마음속에는 남에게 귀를 기울일 필요가 없다는 반항적인 기질이 감춰져 있다. 다만 본인은 알아차리지 못한다. 아마 그는 이전에도 수없이 "음, 근데……"라는 말로 대화를 망친 적이 있을 것이다. 그저 이야기만 했을 뿐인데 왠지 분위기가 처지는 상황도 자주 겪었을 것이다. 아마 본인조차 의아하게 생각했을지 모른다.

실패에는 규칙이 있다

이처럼 인간관계에서 자기 자신조차 알아차리지 못한 채 반복하는 나쁜 습관을 교류분석에서는 '게임'이라고 부른다. 교류분석은 미국의 정신과 의사인 에릭 번이 창안한 성격 이론으로 영어로는 'Transactional Analysis', 약칭 TA라고 한다. 교류분석에서 '교류'란 사람과 사람 사이의 교제, 즉 커뮤니케이션을 가리킨다. 커뮤니케이션에서 나타나는 행동과 말을 통해 그 사람의 성격을 분석하는 것이 교류분석의 기본 개념으로, '정신분석의 대중판'이라고도 부른다. 간단히 말하면 교류분석은 쉬운 자아 발견의 수단이자 인간관계의 과학이다.

그렇다면 왜 교류분석은 인간관계의 나쁜 습관을 '게임'이라고 부를까? 흔히 게임이라고 하면 컴퓨터 게임 혹은 야구나 축구 같은 시합을 떠올릴지 모른다. 나쁜 습관이 그런 게임과 같을 리 없다고 생각하겠지만 교류분석이 말하는 게임과 일반적인 게임에는 결정적인 유사점이 있다. 바로 상대나 상황이 달라도 항상 같은 규칙으로 반복된다는 점이다. 이를 빗대 나쁜 습관을 심리적인 '게임'이라고 말하는 것이다.

교류분석의 게임에는 '플레이어'조차 알지 못하는 동기와 목적이 반드시 감춰져 있다. 또한 게임이 끝난 후에는 늘 거북한 결말로 이어진다. 게임을 시작한 본인이 거기에 빠져 자신의 본심을 깨닫지 못한 채 몇 번이고 나쁜 습관을 되풀이하는 것이다. 당연히 주위 사람은 물론이고 본인조차 스트레스를 받는다. 이를 종합해 교류분석의 게임을 정의하면 이렇다.

'게임이란 사람들 사이에서 되풀이되는 참회와 후회, 그리고 그릇된 습관이다.'

게임에 붙는 이름표

교류분석의 게임에는 플레이어의 태도나 본심에서 비롯된 독특한 이름표가 붙여져 있다. A의 심리는 '음, 근데(Yes, But)'라는 게임으로 설명할 수 있다. 이는 교류분석에서 게임으로 정의된 첫 사례로 대표적인 게임 유형이다. 지금도 가장 많이 펼쳐지는 게임 중 하나다. 예를 들어 보자.

"나, 얼마 전에 남자 친구가 길에서 어떤 여자애랑 신나게 얘기하면서 걷는 거 봤어."
"뭐? 진짜? 그거 좀 수상한데."
"음, 근데 저번에도 그런 적이 있어서 물어보니까 학교 친구라고 하더라고."

"그거 거짓말 아냐? 좀 조심해야겠다."

"음, 근데 나한테는 거짓말을 못 해서 믿을 만해."

"그래? 그럼 뭐, 신경 쓰지 않아도 되겠네."

"음, 근데 그 여자애랑 꽤 친해 보이던데."

이런 대화가 계속되면 짜증이 나는 건 불 보듯 뻔하다. 우리 주변에서도 누군가는 이런 과정을 반복하고 있다. 자신이 먼저 조언을 구하고는 "음, 근데……" "음, 그렇지만……"이라고 말이다. 혹시 당신도 이 게임에 참여하고 있지 않은가?

얼른 사과하고
끝내는 사람

약속을 하면 습관처럼 늦는 사람들이 있다. 뒤늦게 나타난 그들이 하는 말은 늘 이런 식이다.

"아 미안, 미안. 또 늦었네."

모습을 드러내자마자 사과하면 기다리던 사람은 "늦었잖아!"라고 짜증낼 최소한의 타이밍마저 놓친다. 매번 늦었던 사람이라 새삼스럽게 이유를 묻거나 따질 마음조차 들지 않는다. 처음에는 납득할 수 있었던 이유조차 거짓말처럼 들린다. 그렇다고 사과를 받아들이지 않을 수도 없다. 용서를 구하는 사람에게 화를 내면 괜히 어른스럽지 않다는 생각마저 든다. 결국 마지못해 용서한다.

이런 경우가 아니더라도 매사에 쉽게 사과하고 용서를 구하는 사람이 있다. 주변에서 흔히 볼 수 있는 사례를 몇 가지 정리하면 이렇다.

① 실수를 한 후 싫은 소리를 듣기 전에 "앗! 죄송해요. 일찍 전화하려고 했는데 그만 깜빡했네요. 면목이 없습니다"라고 먼저 사과해 김을 빼는 사람.
② 보고서를 제출하지 못해 주의를 받으면 "죄송합니다. 얼른 올리겠습니다"라고 말하고는 어느새 다시 꾸물거리는 과정을 되풀이하는 사람.
③ 바람을 피우다가 들켜 아내에게 원망을 들으면 "정말 미안하다. 내가 잘못했어. 두 번 다시 이런 일 없을 테니까 제발 용서해 줘"라고 눈물로 호소한 뒤에 아내가 마지못해 용서하면 다시 바람을 피우는 사람.
④ 회식에서 술을 마신 후 상사의 눈앞에서 험담을 하거나 난리를 치다가 다음날이 되면 창백한 얼굴로 "제가 어제 너무 취해서 심하게 굴었다고 하던데 정말 죄송합니다"라고 싹싹 빌면서 술자리라는 이유로 너그럽게 용서를 구하는 사람.

간혹 이들은 무릎을 꿇거나 손이 발이 되도록 빌고 야단법석을 떨면서 억지로 용서를 구한다. 그런데 진심으로 반성하는 사람은 오히려 가볍게 무릎을 꿇지 않는다. 쉽게 용서를 구하는 사람일수록 다른 사람에게 계속 피해를 끼치는 경우가 많다. 이런 사람들이 버릇처럼 하는 "죄송합니다" "미안합니다"라는 말에는 조금도 무게가 없다. 오직 곤혹스러운 그 순간만 벗어나면 된다는 태도다. 늘 이런 모습을 지켜본 상대는 매번 반복되는 상황에 대응할 가치조차 느끼지 않는다.

응석 부리는 어른

물론 세상에는 "죄송합니다"라는 사과만으로 용서받을 수 있는 사람이 있다. 바로 어린아이들이다. 아이는 본래 실수나 실패를 반복하는 존재다. 특히 어린 시절에는 아무리 혼이 나도 같은 행동을 되풀이한다.

"또 우유 엎질렀잖아!"
"쉬 마려우면 얼른 말하라고 했지!"
"지하철에서 떠들지 말라니까!"
"그만 좀 싸워!"

아마 세상의 엄마들은 하루 종일 이런 소리를 입에 달고 살 것이다. 아이는 그렇게 온갖 실패를 반복해 배운다.

어떤 엄마들은 "대답만 잘하고 실제로는 행동에 옮기지 않아요"라고 한탄하기도 한다. 실제로 "네, 죄송해요"라고 일단 사과부터 하는 눈치 빠른 아이도 제법 많다. 때로는 어머니의 시선을 느끼면 무조건 "죄송해요. 얼른 할게요"라고 말하고는 잽싸게 도망치는 약삭빠른 아이도 있다. 그럼에도 아이들의 경우에는 대부분 '저 놈이 커서 뭐가 되려고 저러나?'라는 한탄 정도로 끝난다. 일반적으로 아이들을 미숙한 존재로 보기 때문이다.

하지만 '사과의 달인'들은 아이에게만 허용되는 이런 응석을 어른이 된 후에도 전혀 버리지 못한다. 어떤 식으로든 사과만 하면 상대가 용서하는 게 당연하다고 생각한다. 물론 제멋대로 굴지만 왠지 미워할 수 없는 사람도 있다. 천진하거나 순수한 경우가 그렇다. 이는 아이들의 키워드다. 한마디로 유치한 구석이 있는 것이다. 이런 사람들이 무심코 잘못을 저지르거나 제멋대로 행동하는 이유는 심리적으로 주목받으려는 이유 때문이다. 이는 숨겨진 본심이다. 이들은 무의식적으로 쉽게 용서받을 수 있는 수준(약간의 지각이나 작은 실수)의 잘못을 저지른다. 그저 주목받고 싶을 뿐, 용서받지 못할 정도의 잘못을 하지 않는다. 아이가 장난을 쳐 어른의 주의를 끄는 식이다. 하지만 아무리 가벼운 장난이라지만 매번 반복된다면 주위 사람은 지쳐 떨어져 나간다. 늘 아이처럼 굴며 실수를 반복하는 어른을 봐줄 만큼 인간의 한계는 무한하지 않다.

마음속에 있는
세 가지 마음

얼른 사과하고 끝내려는 어른은 응석을 부리는 아이와 다름없다. 물론 어른이라고 해도 모든 면에서 어른스러울 필요는 없다. 다소 유치한 면이 삶을 더 풍성하게 만들 수도 있다. 예를 들어 취미나 스포츠에 빠진 어른들을 보자. 왜 저렇게 단순한 공놀이에 열광하는지 고개를 갸웃거리는 사람들이 많지만 그 속에서 재미를 찾고 삶의 동력을 얻기도 한다.

상대에 따라 태도가 유치해지는 경우도 있다. 회사 동료들과는 냉정하고 차가운 관계를 유지하면서도 아내에게는 응석을 부리고 떼를 쓰며 아이처럼 구는 남자도 많다. 반대로 밖에서는 아이처럼 행동하면서 집에서는 착실하게 가정을 꾸리는 여자도 있다. 그렇다고 그들을 이중인격자라고 몰아붙일 수는 없다. 우리 마음속에는 아이다운 구석이 있기 때문이다. 교류분석에서는 이런 상태를 "마음속에 세 명의 자아상태가 존재한다"고 표현한다. 여기서 말하는 '세 명'은 부모, 어른, 아이다. 영어 'Parent' 'Adult' 'Child'의 머리글자를 따서 각각 P, A, C라고 표기한다.

P, A, C는 자아상태(ego-state, '마음'으로도 표기한다)다. 부모처럼 권위적인 인물의 행동이나 사고의 감정을 가지면 '부모 자아상태(Parent ego-state)', 객관적이고 합리적으로 성장한 어른으로서 반응하고 감정을 느낀다면 '어른 자아상태(Adult ego-state)', 아이처럼 행동하고 사고한다면 '어린이 자아상태(Child ego-state)'라고 한다. P, A, C의 특징을 구체적으로 살펴보자.

부모의 자아상태 - P

부모처럼 생각하고 행동하는 마음이다. 현실의 부모처럼 부성과 모성, 두 가지 유형이 있다.

부성은 냉정하고 엄격하다는 특징을 지녀 '통제적 부모(Controlling Parent)' 혹은 '비판적인 부모(Critical Parent)'라는 의미로 'CP'로 쓴다.

윤리관과 책임감, 리더십은 이 마음의 표출이다. 따라서 남을 보호하거나 배려할 때 CP는 긍정적이다. 폐암에 걸린 환자에게

"담배를 끊어"라고 말하는 것은 이 상태의 발화다. 단, 융통성이 없고 편견이 강하며 성미가 급하다는 단점도 있다. 남을 억압하거나 지나치게 위계를 강조하기도 한다. 개인적으로 이 마음 상태를 '완고한 아버지'로 부른다.

한편, 모성은 지키거나 돌보고 싶은 마음 상태로 친절이나 배려로 드러난다. 반면 지나치게 강하면 참견이나 과보호라는 곤혹스러운 행동 패턴을 취하기도 한다. '헌신적인 부모(Nurturing Parent)'라는 의미로 'NP'라고 표기한다. 나는 이 마음 상태를 '성가신 어머니'라고 부른다.

부모의 자아상태 P는 그 사람이 자라는 과정에서 주위의 어른을 보고 배우는 경우가 많다. 체험과 관련돼 사람마다 미묘하게 그 특징이 다르다. 개인의 가치관이나 양심의 일부이기도 하다. 실제 대화에서 "~해!"라고 명령하거나 "~해 줄게"처럼 부모가 아이를 대하는 말투를 사용할 때는 우리 마음속에서 P가 작용하는 것이다.

어른의 자아상태 - A

어른으로서 판단하거나 인식하는 부분이다. P와 달리 개개인의 체험이나 개성에는 좌우되지 않는 객관적이고 합리적인 마음의

[그림 1-1] 마음속 5인 가족. 누구의 마음속에나 있는 다섯 가지 자아상태로 사람이나 상황에 따라 달리 나타난다.

상태다. 일반적인 의미의 '이성理性'이라고 해도 좋다. 나는 이를 '합리적인 어른'이라고 부른다.

A는 사회생활에서 매우 중요한 요소다. 특히 인간관계의 문제를 해결하기 위한 필수적인 자아상태다. A가 작용하면 자신을 조절하여 감정에 치우치지 않고 냉정하게 행동할 수 있다. 다만 A가 강하게 작용하면 사람이 냉정하고 무미건조해 친밀한 관계를 구축하기 힘들다. 회의에서 보고를 올리고 의견을 말할 때, 사실을 인식할 때 주고받는 대화는 A의 작용과 관련이 있다.

아이의 자아상태 – C

사람이 가진 아이와 같은 마음이다. 실제 아이와 같은 사고나 행동의 근원이 된다. 대화 도중 "~하자!"라고 꾀거나 "~해줘"라고 조르는 말은 C에서 나온다. P와 마찬가지로 이 마음의 상태에도 두 가지 유형이 있다.

하나는 자유분방하고 천진난만한 유형으로 '자유로운 아이(Free Child)', 즉 'FC'로 표기한다. 즐겁게 놀거나 요란하게 떠드는 행동은 이 마음의 표출이다. 부모의 말을 듣기보다 내가 하고 싶은 대로 하는 이런 상태를 나는 '개구쟁이'라고 부른다. 어른이 된 후에도 이런 개구쟁이 같은 행동이 튀어나올 때가 많다. 자유로운 아이 상태에 놓여 있는 것이다.

또 하나는 유순하고 얌전한 유형으로 '순응적인 아이(Adapted Child)'라는 의미에서 'AC'라고 표기한다. 부모의 기대에 맞추기 위해 어릴 때처럼 행동한다면 AC의 상태로 볼 수 있다. 순종하거나 협조하는 태도가 바로 이 마음의 표출이다. 지나치게 인내하고 의존하지만 반대로 반항하기도 한다. 나는 이를 '착하게 구는 아이' 혹은 '착한 척하는 아이'라고 부른다.

[그림 1-1]에서는 부모와 아이의 유형이 두 가지씩 있어 5인 가족이 되었지만 이는 특징을 자세히 파악하기 위한 방편이다. 기본적으로는 '세 명의 자아상태(마음)' 즉 P, A, C의 의미를 이해하는 것으로 충분하다.

행동으로 아는 마음 상태

사람이 어떤 행동을 취할 때는 '세 명의 자아상태' 중 특정 자아상태가 특히 강하게 작용한다. 그리고 각각 어떤 언어나 행동으로 표출된다. 예를 들어 지하철에서 휴대전화로 누군가와 큰소리로 통화 중인 여학생을 보았다고 하자. 이때 가장 먼저 떠오르는 생각이나 무심코 내뱉는 말은 무엇인가?

① 진짜 시끄럽네! 공공장소에서 뭐하는 짓이야!
② 최신 휴대전화라서 그런지 지하에서도 수신 상태가 좋구나.
③ 엇, 저 애 귀엽네. 말이라도 걸어볼까?

①처럼 느꼈다면 부모와 같은 자아상태 P가 반응한 것이다. 상식이나 가치관을 포함한 감정은 대체로 P가 발신지다. ②처럼 느꼈다면 어른의 자아상태 A가 반응한 것이다. A가 작용하면 사실을 냉정하게 분석하고 감정이나 의견을 배제한 채 매사를 판단하는 태도가 나타난다. ③처럼 느꼈다면 어린이와 같은 자아상태 C가 반응한 것이다. 들뜨고 신난 모습이 눈에 선하다.

누구라도 마음속에는 '세 명의 자아상태'가 존재한다. 다만 사람이나 상황에 따라 마음속에 존재하는 '세 명의 자아상태'가 각각 발산하는 에너지의 균형이 다를 뿐이다. 당신은 세 명의 자아상태 중 어떤 마음의 에너지가 강한가? 이 균형을 통해 사람의 생각과 발언, 행동 패턴이 어느 방향으로 움직일지 정해진다.

부모, 어른, 아이라는 분류는 매우 알기 쉬운 방법이다. 세 명의 자아상태는 각각 특징이 있고, 이는 현실의 부모나 어른, 어린이의 특징과 일치한다. 누구나 쉽게 이해하고 기억할 수 있다. 정신분석처럼 '무의식' '투영' '방어' 같은 어려운 용어를 사용하지 않고 쉬운 용어로 사람의 심리를 파악할 수 있다. 교류분석이 '쉬운

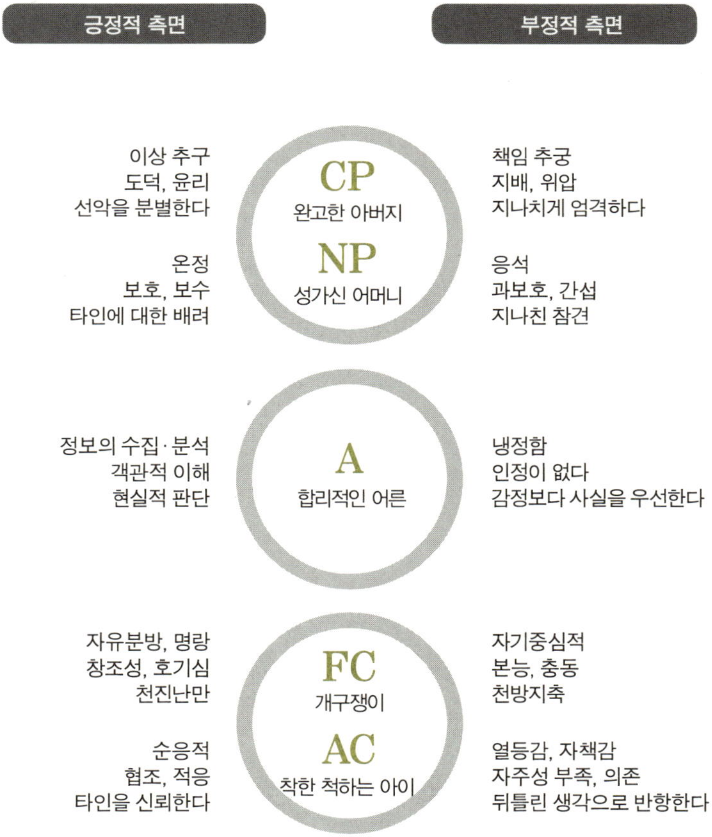

긍정적 측면		부정적 측면
이상 추구 도덕, 윤리 선악을 분별한다	**CP** 완고한 아버지	책임 추궁 지배, 위압 지나치게 엄격하다
온정 보호, 보수 타인에 대한 배려	**NP** 성가신 어머니	응석 과보호, 간섭 지나친 참견
정보의 수집·분석 객관적 이해 현실적 판단	**A** 합리적인 어른	냉정함 인정이 없다 감정보다 사실을 우선한다
자유분방, 명랑 창조성, 호기심 천진난만	**FC** 개구쟁이	자기중심적 본능, 충동 천방지축
순응적 협조, 적응 타인을 신뢰한다	**AC** 착한 척하는 아이	열등감, 자책감 자주성 부족, 의존 뒤틀린 생각으로 반항한다

[그림 1-2] 다섯 가지 자아상태의 긍정적 측면과 부정적 측면

인간관계의 과학'이 된 이유가 여기에 있다. 이에 관한 에릭 번의 이야기가 있다. 조금 길지만 옮겨 보기로 하겠다.

"심리학적 진리는 학술적 목적을 위해서 과학의 언어로 말할 수 있다. 하지만 정서가 실제 생활에서 어떤 것을 얻으려고 노력하는지 효과적으로 인식하려면 다른 접근이 필요하다. 그래서 우리는 '항문기 공격성이 투사된 언어화'보다 '너무 심하죠?'와 같은 표현을 더 좋아한다. 이것이 심리학적 의미와 효과를 더 많이 담아낼 뿐 아니라 더 정확하다. 사람들은 어두침침한 방보다 밝은 방에서 더 빨리 회복한다."

세 명의 자아상태인 P, A, C에는 각각 장점과 단점이 있다. 그 사람의 말이나 행동이 어떤 마음 상태인지는 여러 신호로 판별할 수 있다. 예를 들어 말투, 어조(부모처럼 위압적인 목소리나 아이처럼 애교스러운 목소리 등), 태도(가슴을 젖히는 당당한 부모 같은 자세나 눈치를 살피는 소심한 아이와 같은 자세 등), 표정 등을 통해 알 수 있다. 그 중 말에 나타나는 중요한 신호는 다음과 같다.

자아상태를 드러내는 대표적인 말

자네! / 거기 그쪽!
~하세요 (하면 안 돼요)
~해야 해요 (하지 마세요)
다행이네 / 잘했어 (칭찬이나 격려하는 말)
괜찮아? / ~해줄게 (걱정이나 배려하는 말)

~는 ~입니다 (입니까?)
알겠습니다 (사실 확인)
~해주세요 (사무적 의뢰)

~하자! (권유)
~해주세요 (요구나 응석이 섞인 의뢰)
~해도 될까요? (염려나 겸손)

제발 내가
문제라고 말해

여기서는 다른 게임을 소개한다. 작은 실수를 할 때마다 이렇게 대화를 시작하는 사람이다.

C : 또 실수했어. 진짜 내가 싫어진다.
D : 기죽지 마. 별일도 아닌데 뭘.
C : 아니, 난 이번 구조조정 대상에서 1순위야.
D : 아냐. 과장님도 얼마 전에 말씀하셨잖아. 넌 착실하다고.
C : 괜히 그러셨을 거야. 속으로는 멍청하다고 비웃었을걸.
D : 그럴 리가. 정말로 칭찬하셨다니까.
C : 괜찮아. 위로해주지 않아도 돼. 내가 엉망이란 건 내가 제일 잘 아니까.

D : 설령 그렇더라도 걱정하지 마. 자료 준비가 부족했던 정도니까 다음에는 미리 준비하면 되잖아.

C : 이번에도 시간이 없었던 건 아냐. 역시 내가 문제야!

D : 이제 그만 해. 그렇지 않다니까!

C : 아니, 가망이 없어. 난 무능한가봐.

D : 괜찮다니까! 그만 좀 해. 긍정적으로 생각하라고. 그렇게 약해지는 게 문제라니까!

C : 너 지금 문제라고 했지? 역시 너도 날 깔보고 있었구나!

D : 뭐, 뭐라고?

D는 C를 위로하려고 했지만 결과적으로 "넌 문제야"라고 말한 셈이 되었다. 아니, 그렇게 되도록 C가 유도했다. 대화의 흐름을 보면 C는 마치 D에게 "넌 문제야"라고 듣기를 바라는 듯하다.

달래지 못하는 것은 누구 탓도 아니다

C의 나쁜 습관은 '나는 문제다'라고 결론을 내린 후, 그 결론을 뒷받침하기 위해 "넌 문제야"라고 상대가 말하도록 만드는 것이다. 이 게임을 하는 사람은 상대가 아무리 부정해도 '다들 속으로는 나를 쓸모없다고 생각하고 있을 거야' '모두 내가 엉망이라

고 생각하고 있어'라는 생각에 사로잡혀, 집요하게 "난 문제야"라고 말한다. 이들은 상대에게도 "그건 문제야"라는 말을 듣는 편이 오히려 속 편하다.

위 사례에서 D는 처음에는 '그런 말 하지 말고 힘내'라고 응원하려고 했지만 C의 태도 때문에 점차 '한심하군' '정신 차려!'처럼 질책하는 마음으로 바뀌어 갔다. 결국 마지막에는 "그렇게 약해지는 게 문제라니까"라고 말했다.

C를 제대로 위로하지 못했더라도 D의 잘못이 아니다. 이 게임을 하는 사람의 본심은 '위로해줘'가 아니라 '문제가 있다고 말해 줘'이기 때문이다. 이렇듯 상대를 끌어들여 "문제가 있다"고 말하게 하는 것이 C의 진짜 속마음이다. 그는 목적을 달성했고 게임은 성립됐다. 참고로 이 게임은 '내가 문제라고 말해(Stupid)'라고 불린다.

나는 OK야, 아니야?

'내가 문제라고 말해' 게임은 부모와 자식 사이에서도 종종 벌어진다.

"오늘 선생님께 혼났어요. 전 얼간인가 봐요."
"그렇지 않아. 넌 상냥하고 착한 아이야."

이 단계에서는 아이가 부모의 격려를 제대로 받아들일 수 있다. 하지만 만약 부모가 매우 엄격하거나 마침 기분이 나빠서 아이를 꾸중한다면 어떻게 될까?

"대체 뭔 짓을 한 거야! 너 때문에 창피해죽겠어."

"다른 애들 앞에서 그런 소리나 듣고 창피하지도 않아? 넌 누굴 닮아 그러니!"

이런 소리를 들으면 가뜩이나 주눅이 들어 있던 아이는 '그래, 난 정말로 멍청하구나'라고 생각할 것이다. 다음부터는 누가 칭찬해도 순순히 받아들이지 못한다. 자신이 쓸모없는 사람이라고 믿기 때문이다. C도 이와 비슷한 경험을 했는지도 모른다.

이렇듯 사람은 자신의 경험을 통해 자아상태에 대한 일정한 평가를 내린다. 자아상태의 가치를 긍정하거나 부정하는 것이다. 이를 교류분석에서는 '나는 OK다(I'm OK), 나는 OK가 아니다(I'm not-OK)'라고 표현한다. 마찬가지로 타인의 가치에 대해서도 기본적으로 긍정과 부정 중 하나의 입장을 취한다. '당신은 OK다(You're OK)' 혹은 '당신은 OK가 아니다(You're not-OK)'라고 표현하는 것이다('당신'은 특정한 개인이 아니라 자신을 제외한 사람을 가리킨다).

여기서 OK란 유익하고 안심된다는 의미다. 즉 'OK다'라는 표현은 살아갈 가치가 있다는 뜻이다. 한편, 'OK가 아니다'라는 표현은 호감을 얻지 못하고, 도움이 되지 않는 '나' 혹은 '당신'은 문제라는 뜻이다. 인간을 불신하는 것처럼 살아갈 가치를 부정적으로 파악하는 것이다.

물론 세상에는 누가 봐도 OK가 아니라고 말하고 싶은 극악무도한 사람도 있다. 하지만 여기서 말하는 'OK가 아니다'라는 평가는 그런 객관적인 평가가 아닌 순전히 주관적인 평가다. 주위에서 아무리 좋은 사람이라고 칭찬해도 스스로 자아상태를 부정하면 '나는 OK가 아니다'가 되고, 아무리 훌륭한 인물이라도 '당신은 OK가 아니다'라고 생각하면 쓸모없는 사람이 된다. 그 경우 사람의 가치는 실제보다 평가절하 된다.

자신이나 타인을 OK라고 생각하는지 아닌지는 인간관계에 큰 영향을 미친다. '나도 당신도 OK다'라고 생각하는 사람은 인간관계에서 생기는 문제를 줄일 수 있다. 자신을 좋게 여기고, 다른 사람에게도 이런 인식을 확대시킨다. '나도 당신도 OK가 아니다'라고 여기면 삶은 절망적이다. 자신을 낮추는 것도 모자라 타인도 자신을 도와줄 수 없다고 여긴다.

자신이나 타인 중 한쪽이 'OK가 아니다'라고 생각하는 사람은 인간관계에서 비롯된 스트레스가 생기기 쉽다. '나는 OK다, 당신은 OK가 아니다'일 경우 유리한 것 같지만 자신을 높이고 타인은 눌러야 한다는 욕구를 가질 수 있다. 이는 상대와의 투쟁으로 이어져 주위 사람을 배척해 나중에는 자신 또한 패배자가 될 가능성이 높다. 그 반대인 '나는 OK가 아니다, 당신은 OK다'인 경우는 평범하거나 패배적인 게임에 빠진다. 자신이 남에게 희생당하는 식으로 각본을 구성한다. 앞서 본 C가 그렇다. '내가 문제라고 말해'의 게임을 하고 있던 C는 '나는 OK가 아니다'라는 생각이 짙게 깔려 있다. 그가 같은 게임을 반복하는 이유다.

스스로 함정에 빠지는 사람

 어떤 인간관계나 업무라도 과정 속에서 한두 번 실패나 실수를 하기 마련이다. 이때 대부분은 이전 실수를 만회하고 다시 상황을 진전시키려고 노력한다. 그런데 실패나 실수를 반복하다가 만회할 수 없는 상황에 빠지는 경우도 있다. 마치 일부러 자신을 곤경에 빠뜨리는 듯 몇 번이나 질리지도 않고 실패나 실수를 되풀이하는 것이다. 그런 사람은 '날 차버려(Kick Me)'라는 게임에 빠져 있는 것이다.
 이 게임을 하는 사람은 일이나 공부 같은 자신이 맡은 일을 소홀히 한다. 규칙을 지키지 않고 지시에 따르지 않는 식으로 다른 사람에게 피해를 끼친다. 결국 상대가 더 이상 참지 못하고 화를 낼 때까지 계속한다. 이때 야단을 맞거나 외면당하면 '나는 아무

것도 할 수 없어' '모두 나를 싫어해'라고 침울해하고 움츠러든다.

이런 사람은 자기 자신을 'OK가 아니다'라고 평가한다. 때문에 실패한 다음 좀처럼 노력하려고 하지 않는다. 오히려 계속해서 상대에게 피해를 끼치고 소외되는 과정을 반복한다. 그렇게까지 해서 '나는 OK가 아니다'라는 사실을 확인하고 싶은 것이다.

중요한 상황이 되면 반드시 실패나 실수를 하는 사람, 직장에서 불화를 일으키고 이직과 실업을 반복하는 사람, 연애할 때 매번 상대에게 차이는 사람. 이들은 '날 차버려' 게임을 하고 있는 것이다. 입원 중에 병원 규칙을 지키지 않아 강제로 퇴원당하는 환자 역시 이 게임에 빠져든 것이다. 예약을 해놓고 번번이 늦거나 처방한 약을 먹지 않는 데다 아무리 주의를 줘도 고치지 않는 환자도 마찬가지다. 이 경우 매번 상태가 악화된 후 진찰을 받아 상태는 조금도 호전되지 않는다.

이 역시 다른 게임과 마찬가지로 결코 고의적인 것이 아니다. 자신이 알아차리지 못하는 사이에 실패나 실수를 되풀이하고 화를 낸다. 그로 인해 상대에게 외면당하는 것이 이 게임의 결말이다. 하지만 본인은 자신의 문제를 깨닫지 못해 '나한테만 나쁜 일이 생긴다'와 같은 강한 피해의식을 가진다. 나아가 다른 사람을 믿지 못해 인간관계가 더 나빠지는 악순환에 빠진다. 이때 타인은 그를 도울 엄두를 내지 못한다. 어떻게 말해도 불평불만만 쏟

아내기 때문이다. 결국 '당신은 OK지만 나는 OK가 아니다'라는 자신의 각본은 변함없이 지속된다.

이성을 멀리하는 사람

'OK다, OK가 아니다'라는 태도는 때로 성별에 따라 입장이 달라지는 경우가 있다. 예를 들어 남성이라면 '여성은 모두 거짓말쟁이다' '여자는 천박하다'는 식으로 여성에 대해서만 '당신은 OK가 아니다'라는 태도를 가지는 경우가 있다. 반대로 여성이라면 '남자는 모두 짐승이다'라는 식으로 남성에 대해서만 '당신은 OK가 아니다'라는 태도를 가지기도 한다.

상대에 대해서만이 아니라 자신을 평가할 때도 이런 입장을 취하기도 한다. 예를 들어 '나는 교사로서는 유능하지만 남편으로서는 빵점이야' '나는 머리는 좋지만 여성적인 매력은 없어'라는 식으로 사회적으로 본 자신은 OK지만 남성 혹은 여성으로서의 자신은 OK가 아니라고 생각하는 것이다. 이런 사람은 남자 혹은 여자로서 자신감을 가지지 못한다.

성별에 따라 다른 입장을 가진 사람은 이성관계 때문에 스트레스를 받는다. 여성이 '남성은 OK가 아니다'라는 태도를 가지면 남성을 존중하지 않고, 성적인 행위를 불결하게 느끼고 멀리할 가능성이 있다. 남성이 '여성은 OK가 아니다'라는 태도를 가지면 사회적으로는 훌륭한 인물이라도 여성에게만 난폭하게 구는 남녀 차별주의자가 된다.

남녀를 불문하고 '나는 남자(여자)로서 OK가 아니다'라고 생각하는 사람은 이성과 관련된 일 자체에 소극적으로 행동한다. 때로는 이성 앞에서만 '날 차버려'와 같은 '나는 OK가 아니다'라는 게임을 하고 스스로 사랑을 부순다. 평범한 교제에는 서툴지 않은데도 연애나 결혼생활에만 적응하지 못하는 사람은 남성으로서 혹은 여성으로서 'OK가 아니다'라는 태도를 가지고 있을 확률이 높다.

남은
인정하기 싫어

'당신은 OK가 아니다'라는 사고방식의 소유자가 즐기는 게임이 있다. 앞서 예를 든 '음, 근데' 게임이 그렇다. 여기서 A는 마음 한 구석에 '당신은 OK가 아니다'라는 생각 때문에 타인의 조언을 거부하는 태도를 취했다. 이는 '당신은 OK가 아니다'라는 생각에서 비롯된 것이다. 이는 문제의 정도가 매우 가벼운 사례다.

'당신은 OK가 아니다'라는 유형의 게임에 말려들었다가 큰 피해를 입는 경우도 있다. '이 자식, 잘 걸렸어(Now I've Got You, Son of Bitch)'라는 게임이 그렇다. 'Bitch'는 매춘부를 뜻하는 속어다. 굳이 번역하면 '매춘부의 자식'이라는 의미로 미국에서 흔하게 사용하는 욕설이다. 이 명칭이 조금 심하다고 생각할지도 모르겠다. 그런데 실제로 이 게임을 하는 사람은 타인의 잘못이나 실수를 보면 철저하게 추궁해야 직성이 풀리는 지독한 습관을 가지고 있다. 공격할 목표를 정해서 구석구석 뒤지듯이 헐뜯거나, 한참 지난 실수나 추문을 끄집어내기도 한다. 말하자면 '묶어서 매달고 괴롭히는' 게임이다. 대상이 되는 사람을 견딜 수 없게 만든다.

예를 들어 직속 상사가 이 게임을 상습적으로 즐긴다면 최악이다. 이 게임을 하는 사람은 항상 우위에 서서 상대를 공격하기 위해 시비를 건다. 예컨대 일이 늦어졌거나 실수가 있었다면 좋은 먹잇감이 된다(제대로 걸려든 것이다). 아무리 타당한 이유를 들어 설명하고 냉정하게 대처한들 '어른의 대화'는 애초 불가능하다. 결국 감정적인 대립으로 치닫게 된다.

만약 당신의 팀장이 작은 실수에도 기다렸다는 듯 몰아세우거나, 그런 실수를 즐기며 동료들과 "저 녀석은 당해도 싸"라고 흉을 본다면 이 게임의 훌륭한 플레이어라고 봐도 좋을 것이다. 이런 팀장은 '당신은 OK가 아니다'라고 생각하는 동시에 '나는 OK다'라고 생각한다. '자신은 옳지만 상대는 그르다'는 생각이 사람을 평가하는 기본이 된 것이다.

인간관계를 좌우하는 네 가지 유형

자기 자신과 타인에 대해 OK인지 아닌지를 평가하면 인간관계에서 드러나는 '인생 태도'가 된다. 그 태도에는 네 가지 유형이 있고 누구나 그 중 하나에 해당한다. 에릭 번은 모든 게임과 각본, 운명이 네 가지 태도 중 하나에 바탕을 두고 있다고 말했다. 자신과 타인에 대한 기본적 신념으로, 결정과 행동을 정당화하기 위해 사용하는 것이다.

① 나는 OK다, 당신도 OK다
자신도 타인도 긍정적으로 파악하는 자세. '나도 남도 모두 장점이 있다'는 사고방식이다. 이 자세로 살아가는 사람은 인정이 넘치는 훈훈한 교류를 유지하고 풍요로운 인간관계를 구축한다. 예를 들어 합리적인 직장 상사와 그가 요구한 업무를 충실히 이행한 '나'가 여기에 해당한다. 나아가 "저 사람과 함께라면 충분히 믿고 따를 수 있겠다"는 신뢰 관계로 이어진다. 스트레스가 거의 쌓이지 않는 충실한 인생을 보낼 수 있다. 번은 이 태도를 두고 "사람이 초기에 자연스럽게 얻거나 그 후 아주 힘들게 노력해서 배워야 한다. 단지 의지에서 나오는 행동으로는 이 태도를 얻을 수 없다"고 했다. 이 태도를 형성하기 위해서는 끊임없는 자기 성찰과 노력이 필요한 것이다.

② 나는 OK다, 당신은 OK가 아니다

'나는 옳지만 내 주변에는 이상한 사람뿐이다'라는 자세. '이 자식, 잘 걸렸어'라는 게임을 하는 상사가 그 전형이다. 자신만 신뢰하고 타인을 인정하지 않아 인간관계에서 충돌을 일으키는 경우가 많다. 환자의 경우 이 충돌에서 스트레스를 받았을 때 가장 병을 고치기 힘들다. 자신만이 옳다고 생각하여 의사나 카운슬러, 간호사 등 치료자의 말에 귀를 기울이지 않기 때문이다.

③ 나는 OK가 아니다, 당신은 OK다

'모두 훌륭한데 나만 엉망이다'라고 자신을 비하하는 자세. 인간관계에서 협조는 잘하지만 열등감이 강해 수평적인 교제가 불가능하다. 타인에게 이용당하거나 무시당하기 쉽다고 생각해 친밀한 관계를 두려워하고, 인간관계에 대한 불안과 스트레스를 느끼는 경우가 많다. 흔히 이들은 "내가 ~ 했어도"라고 생각한다.

④ 나는 OK가 아니다, 당신도 OK가 아니다

사람의 가치를 전면적으로 부정하는 자세. '나도 문제지만 세상도 문제다'라고 염세적으로 생각하는 유형이다. 타인과의 교류에 서툴러 자신만의 세계에 틀어박히거나 타인을 밀어내는 등 인간관계에서 문제를 일으키기 쉽다. 때로는 인생 자체에 가치를 발견하지 못한 채 우울증에 시달리기도 한다.

스스로 어느 유형에 가깝다고 생각하는가? 자신이 어느 유형에 속하는지 알려면 'OK그램'을 작성해봐야 한다. 책 뒤편 [부록 1]에 그 방법이 있으니 시도해보기 바란다.

   게임을 하는 사람은 자아상태의 태도를 확인하고 싶어 같은 일을 반복한다. 다만 본인이 그 목적을 전혀 깨닫지 못할 뿐이다. 바로 이 점이 게임의 가장 큰 문제다. 인간관계가 아무리 힘들어도 무엇이 문제인지 알 수 없기 때문이다.

   '이 자식, 잘 걸렸어' 게임을 하는 상사는 '나는 옳지만 너는 문제야'라는 생각을 확인하고 그때마다 만족할지도 모른다. 하지만 그 결과는 어떨까? 이런 상사는 부하와 신뢰를 형성할 수 없다. 눈 밖에 나지 않으려는 직원은 무사 안일주의에 빠지고 일에 대한 의욕도 잃어 부서의 실적은 오르지 않는다. 주위 사람도 힘들지만 결국 본인이 가장 큰 피해를 입는다. 그래도 쉽게 바뀌지 않을 것이다. 굴하지 않고 '나는 OK지만 너는 OK가 아니다'라는 태도를 취할 것이다. 남은 건 고립뿐이다. 인간관계에서는 가장 불행한 결말이다.

세 마음이
헷갈릴 때

스트레스로 인한 병을 진료할 때면 가끔 이런 사람이 있다.

"스트레스요? 기분 탓이라고요? 진짜로 심장이 갑갑하다니까요!"

이렇게 흥분하면서 스트레스로 병이 생길 리 없다고 우기는 것이다. 그런데 정작 속사정을 파고들면 불만이나 불평을 줄기차게 쏟아낸다. 듣고만 있어도 가슴이 답답하다. 언젠가 고부 갈등으로 옥신각신하느라 힘들다면서 며느리를 거세게 비난하는 시어머니와 대화를 나눈 적이 있다.

"우리 집 며느리는 정말 문제예요."

"뭐가 문제인가요?"

"빨래를 매일 하지 않더라고요."

"전혀 안 한다면 몰라도 이틀에 한 번은 한다면서요. 그럼 괜찮지 않나요?"

"그건 아니죠. 주부라면 자고로 매일 빨래를 해야죠!"

또 다른 험담도 이어졌다.

"애가 하나뿐인데도 둘째를 낳을 생각을 안 해요."

"한 명이라도 애가 있으면 괜찮지 않나요?"

"외동이면 버릇없이 자라잖아요! 엄마 노릇을 제대로 하려면 두 명은 낳아야죠."

이어서 본인은 아들을 포함하여 네 명의 자녀를 키웠다고 자랑스레 말했다. 그 외에도 지나칠 정도로 세부적인 부분까지 이런저런 험담을 늘어놓았다. 예컨대 '며느리는 이래야 한다'는 이상에 집착해 여기에 해당하지 않으면 전부 마음에 들지 않는 것이다.

이상과 신념은 누구나 가지고 있다. '매일 세탁을 해야 한다' '아이는 많이 낳아야 한다'는 생각 또한 일종의 이상과 신념이다. 하지만 이 시어머니는 "주부라면 자고로" "엄마 노릇"이라는 표현을 사용하여 자신의 개인적인 신념을 인간의 보편적인 문제에 적용했다. '주부는 매일 세탁을 해야 한다' '아이는 많을수록 좋다'고 단정하고 인간으로서 당연히 해야 할 일이라고 믿는 것이다. 이는 신념이라기보다 '편견'일 뿐이다.

편견을 가진 사람

편견은 감정적이고 무조건적인 믿음으로 신념과는 다르다. 무엇보다 객관성이 결여되어 있다. 예를 들어 지각하면 안 된다는 신념을 가진 사람은 항상 지각하지 않도록 조심한다. 하지만 다른 사람이 지각을 해서 "미안, 차가 막혀서"라고 사과하면 "아, 그래?"라고 객관적으로 받아들일 수 있다. 그런데 '지각하는 사람은 문제'가 있다는 편견을 가진 사람은 다른 사람이 지각을 하면 쉽게 용서하지 않는다. 상대의 변명을 들으려고도 하지 않고 화만 낸다.

본래 신념이란 부모를 비롯한 주변의 어른에게 나름대로 배우고 익힌 규범이다. '세 명의 자아상태'로 말하면 주로 부모의 마음 P의 작용이다. 그런데 편견을 가진 사람은 신념을 담당하는 부모

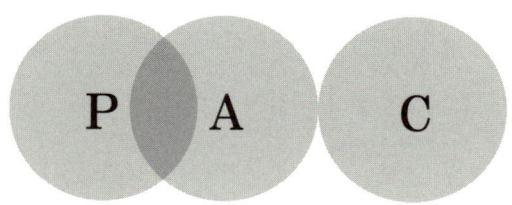

[그림 1-3] P가 A를 오염시킨 마음의 상태. 개인적 신념(P)이 객관성(A)을 잠식한 경우로 합리적인 어른의 마음(A)이 원활하게 작용하지 못한다.

의 마음 P가 객관적인 어른의 마음 A까지 잠식해버린다. 주입되었을 뿐인 개인적인 믿음이 본인에게 객관적인 현실처럼 받아들여지는 것이다. 교류분석에서는 이를 'A가 P에 오염되어 있는 상태'라고 말한다. [그림 1-3]과 같이 P와 A가 부분적으로 겹쳐 있어 A가 원활하게 작용하지 못하는 것이다.

앞서 소개한 시어머니가 "주부라면 자고로……"라고 말한 것처럼 자신의 의견을 말할 때 '나는' 대신 '인간은' '남자는' '여자는'이라는 말을 자주 한다면 편견이 강한 사람이다. 예를 들어 "도시 사람들은 모두 냉정하다" "머리를 염색한 젊은이는 버릇이 없다" "미국놈들은 모두 거만하고 건방지다" "남자는 무조건 돈이고 여자는 무조건 얼굴이다"와 같은 발언에 대해 "그렇지도 않은데"라고 반론하면 상대는 불쾌하다는 듯 화를 낸다.

편견은 '당신은 OK가 아니다'라는 태도에서 생긴다. '이 자식, 잘 걸렸어'와 같은 게임을 만드는 원인도 된다. 편견이 겉으로 드러날 때는 상대 A가 제대로 작용하지 못한다는 사실을 염두에 두고 거기에 휘말리지 않도록 잠시 내버려두는 것이 현명하다.

오염된 마음

편견과 닮은꼴로 자격지심이 있다. 편견이 타인이나 사회에 대한 평가라면 자격지심은 주로 자신에게 향한다. 예를 들어 자신이 방을 나오자마자 안에서 웃음소리가 났을 때 '모두 나를 비웃고 있어'라고 무턱대고 오해하는 경우가 그렇다.

이런 자격지심은 어린 시절에 느낀 어떤 불쾌함이 재현돼 생긴다. 예컨대 바지 뒷부분이 찢어진 줄 모르고 돌아다니다가 놀림을 받았다면 우연한 웃음소리가 그 기억을 되살려 마음이 그때로 되돌아가는 것이다. '난 얼간이야. 모두 그런 날 비웃고 즐거워해. 아무도 도와주지 않아'라는 느낌이 어린 마음에 강렬한 인상을 남겼다가 불현듯 재현되어 마치 그 상황으로 돌아간 것처럼 오해한다.

이때 객관적으로 현실을 직시해야 하는 A는 아이의 마음 C의 영향을 받아 제대로 작용하지 않는다. 편견과는 달리 C가 A를 잠

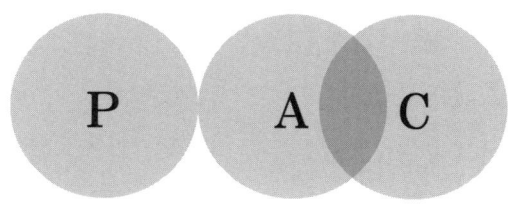

[그림 1-4] C가 A를 오염시킨 마음의 상태. 자격지심(C)이 객관성(A)을 잠식한 경우로 합리적인 어른의 마음(A)이 원활하게 작용하지 못한다.

식한 것이다. 자격지심은 종종 '나는 OK가 아니다'라는 태도로 이어진다. 예를 들면 이런 식이다.

'어차피 난 못생겼는걸.'

'난 원래 재미없는 인간이야.'

'나처럼 의지가 약한 사람이 어떻게 금연에 성공할 수 있겠어.'

이는 '내가 문제라고 말해'나 '날 차버려'와 같은 게임에 빠질 가능성이 있다. 극단적으로 자격지심이 강해 병적인 수준에 이르면 '나는 죽는 편이 나아'라든가 '모두 나를 노리고 있어'와 같은 망상으로 발전하기도 한다.

이렇듯 편견이나 자격지심은 P와 C가 객관적인 어른의 마음 A를 침범하여 개인적인 믿음에 지나지 않는 생각을 'A가 인식한 현실'이라고 오해할 때 발생한다. 이 중에는 P와 C가 전부 A를 침범하는 경우도 있다. 그렇게 되면 '세상은 차갑고 나는 약삭빠르지 않으니까 어차피 노력해도 안 돼'라는 식으로 생각하여 현실에 대처하지 못하는 비참한 상황에 빠지기도 한다. 이를 '이중 오염(Double contamination)'이라고 한다. 그런 오해에 얽매여 현실을 보면 불평이나 불만만 나오는 것도 당연하다. 스트레스가 자꾸 쌓여 살아가기 힘들 수밖에 없다.

마음, 막히거나
치우치거나

사람은 마음속 '세 명의 자아상태', 즉 P, A, C를 상황에 따라 무의식적으로 구분해 사용한다. 예를 들어 파티에서 아이의 마음 C로 즐기다가도 업무와 관련된 누군가가 다가와 인사하면 재빨리 어른의 마음 A로 전환한다. 이처럼 사람은 본인도 인식하지 못한 사이에 자아상태를 자유자재로 조정한다. 하지만 이 조정이 순조롭지 않은 사람도 있다.

부모의 마음이 너무 강하면

언제 어디서 누구에게나 일관되게 부모의 입장을 고수하고 상대를 아이처럼 대하는 사람이 있다. 업무만이 아니라 사생활까지 간섭하는 상사가 대표적이다.

"자네는 아직도 여자친구가 없나? 이건 문제가 있군. 자네, 문제가 뭐라고 생각하나?"

"아들이 고3이라며? 웬만하게 공부해선 좋은 대학 가기 힘들걸. 성적은 어느 정도야? 대학 갈 성적은 돼?"

"집을 찾는다면서? 좋은 집 있는데 소개해줄까? 돈은 얼마나 있나?"

이런 식으로 연애나 가정 문제를 사사건건 참견하거나 지시하고 달갑지 않은 친절을 베푸는 것이다. 여성에게도 이런 유형은 많다. "곤란한 일이 있으면 뭐든지 저한테 말씀하세요"라고 공연히 나서는 이웃집 아주머니, 조카가 혼기가 되자 부탁하지도 않았는데 닥치는 대로 중매를 부추기는 친척이 그렇다.

이런 태도는 P 중에서도 NP(성가신 어머니)의 작용이 너무 강해 생긴다. 이들은 항상 성가신 어머니 마음만을 사용하고 A나 C로 전환하는 경우가 거의 없다. 자칫 인간관계에서 불화를 낳을 수 있다.

좋은 의도라도 지나치면 모자람만 못하다. 주위에서 무턱대고 강요하는 메시지에 진저리가 나 아이처럼 철부지 취급을 당했다고 화를 낼 수도 있다.

CP(완고한 아버지)도 P가 지나치게 작용한 경우다. 여기에는 권력을 추구하는 위압적인 사장이나 정치가들이 해당된다. 이런 자리는 본래 완고한 아버지를 요구한다. 애초에 책임감, 윤리관, 리더십이 강하므로 그 위치에 올랐을 수도 있다. 따라서 CP가 제대로 작용하는 일 자체는 그리 나쁘지 않다. 다만 그 태도가 지나쳐 어떤 상황에서도 CP만 작용한다면 상황은 달라진다. 만약 아이의 마음 C를 사용하여 웃거나 즐기지 못한다면 가족이나 친구는 멀어질 것이다. 또 어른의 마음 A를 사용하여 객관적인 판단을 내리지는 못하고, 억지로 자신의 윤리를 강요하면 직장에서도 가정에서도 홀로 남겨질 뿐이다.

'음, 근데' '이 자식, 잘 걸렸어'와 같이 '당신은 OK가 아니다'라는 유형의 게임을 하는 사람은 CP과잉이라고 할 수 있다. 꿈쩍도 하지 않는 바위와 같은 '완고한 아버지'인 것이다.

이렇듯 NP든 CP든 부모의 마음만을 사용하여 커뮤니케이션을 취하면 반드시 문제가 생긴다. 상황에 따라 유연하게 마음 상태를 전환하는 능력이 인간에게는 필요하다.

마음에 남은 앙금

전환이라고 표현했지만 실제로 마음속에 스위치가 있을 리는 없다. 애초에 P, A, C '세 명의 자아상태'는 마음속에 뿔뿔이 흩어져서 존재하는 게 아니라 전체가 하나의 마음이다.

그 경계는 어떻게 만들어져 있을까? '반투명 막이 둘러쳐진 상태'를 상상하면 된다. 자아상태의 정신적 에너지가 이 막을 통해 P, A, C 중 어딘가로 흘러들어 전환되는 것이다. 이렇게 세 자아상태의 에너지를 필요에 따라 조정하는 능력을 교류분석에서는 '투과성 조정력'이라고 한다[그림 1-5].

세 자아상태 중 한 가지가 반응할 때는 그 마음 상태에 모이는 에너지가 상대적으로 많아질 뿐, 다른 두 상태가 완전히 사라지는 것이 아니다. 따라서 속마음은 다르더라도 겉으로는 어른의 마음 A를 사용하여 대화할 수 있다. 하지만 앞서 소개한 NP나

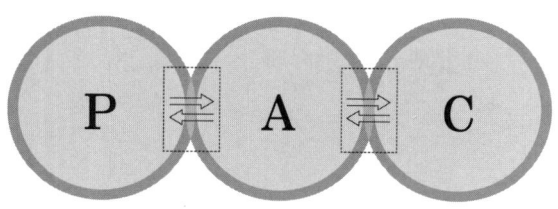

⇌ 정신적 에너지의 흐름

[그림 1-5] 세 자아상태의 에너지를 필요에 따라 조정하는 능력을 나타내는 '투과성 조정력'. 정신적 에너지의 흐름에 따라 P, A, C가 전환된다.

CP만을 사용하는 사람은 그 경계에 있는 막이 막혀버려 정신적 에너지가 부모의 마음 P에만 모여 있다. 어른의 마음 A나 아이의 마음 C에는 에너지가 모이지 않아 태도나 행동으로 거의 드러나지 않는 것이다[그림 1-6].

마찬가지로 정신적 에너지가 거의 A에만 모이는 사람, C에만 모이는 사람도 있다. A만 사용하는 사람은 침착하게 일할 수 있지만 냉정하거나 무관심한 성향이 있다. 항상 C만으로 커뮤니케이션을 취하는 사람은 감정적이며 미성숙하고 의존적이다.

상대를 안절부절못하게 만들 정도로 조심스러운 사람이 종종 있다. 그런 사람은 C 중에서도 특히 AC(착하게 구는 아이)가 과도

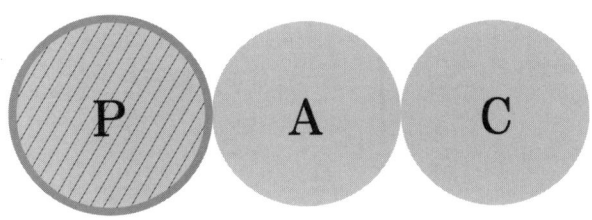

[그림 1-6] 정신적 에너지가 P에만 모인 상태. 어른의 마음(A)이나 아이의 마음(C)에는 에너지가 모이지 않아 태도나 행동으로 거의 드러나지 않는다.

하게 작용한다. 한편, 똑같이 유치하더라도 약삭빠른 사람도 있다. FC(개구쟁이)가 과도하게 작용하는 것이다.

앞서 소개한 '세 명의 자아상태'와 '마음속 5인 가족'의 특징을 다시 한 번 떠올려 보라. 어떤 마음 상태라도 장점과 단점이 있다. 이를 상황에 맞춰 능숙하게 구분해 장점을 살리고 단점을 메우는 것이 중요하다. 이것이 바로 정신적 균형을 취하는 일이다. 게임을 하는 사람이나 인간관계에서 문제가 많은 사람은 이 균형이 무너져 있다.

인간관계가 순조롭지 않을 때는 상대의 정신적 균형이 무너져 있을지도 모른다는 사실을 고려하라. 또 자기 자신의 정신적 균형은 어떻게 되는지, 정신적 에너지가 한 부분에 치우치거나 막히지 않았는지 수시로 검토하는 것도 커뮤니케이션에 도움이 될 것이다.

"널 돕고 싶어서 그랬던 것뿐이야"

"내가 안 하면 누가 해!"

"너 때문에 이렇게 됐잖아!"

"어차피 나 같은 건....."

2

복잡하고 미묘한 심리 게임

의외로 가까이 있는
숨겨진 게이머

인간이 하는 게임이나 놀이의 핵심적인 속성은 정서적 가벼움이 아니라 거기에 일정한 규칙이 있다는 데 있다.
- 교류분석 창시자 에릭 번

2장에서는 1장보다 조금 더 분간하기 힘든 게임의 예를 살펴보자. 1장에서는 "음, 근데……"와 같은 키워드가 있거나 '스스로 곤경에 처하려는 사람' '타인을 인정하지 않고 트집만 잡는 사람' 등 움츠러들거나 으스대는 태도처럼 즉시 분별할 수 있는 게임을 중심으로 소개했다. 하지만 항상 그렇게 알기 쉬운 사례만 있는 것은 아니다.

진료 현장에서도 한 의사가 '이 환자가 스트레스를 받는 원인은 게임인 듯하다'는 심증을 갖고 "○○ 게임일 거야"라고 결론을 내리면 다른 의사는 "아니 그보단 △△ 게임에 가깝지 않나?"라는 식으로 의견이 갈리기도 한다. 환자 스스로 게임을 한다는 자각이 없어 본심을 확인하기 어렵고, 설령 본심이라고 해도 사람에 따라 겉으로 드러나는 행동 패턴이 달라 정확한 심리를 파악하기가 어렵다. 하지만 누구나 일정한 인간관계의 습관을 가지고 있다. 그 습관을 분석하면 가까운 사람, 혹은 자기 자신과 벌이는 게임이 모습을 드러낸다. 지금부터는 우리 스스로도 몰랐던 조금 더 복잡한 게임을 따라갈 것이다.

여기에는 총 8개의 대표적인 게임 유형이 소개돼 있다. 교류분석 초기에는 수많은 게임이 생겼지만 대부분 단순한 상호작용에 불과했고, 정작 게임이라고 이름 붙일 만한 것들은 많지 않았다. 여기에 소개하는 게임은 온갖 상호작용에서 걸러낸 게임의 기본 유형이라고 볼 수 있다.

어떤 게임은 우리 혹은 상대의 나쁜 습관을 고스란히 담고 있다. 그렇다면 게임의 유형을 파악하고 고치도록 노력해 보자. 더 이상 게임으로 속마음을 표출해 주변과 당신을 불쾌하게 만들지 말자. 본심을 감췄다고 안심할 수 있지만 주변 모두를 속일 수는 없다. 무엇보다 자기 자신의 진짜 속마음은 감출 수 없다.

억지로 친절을
베푸는 사람

내가 곤란할 때 누군가 도움의 손길을 내민다면 그 고마움은 말로 표현할 수 없다. 우울하고 속상할 때면 특히 그렇다. 다른 사람에게 의지하고 싶은 마음에 더 기대게 된다. 그런데 이때 상대의 친절이 진심인지 아닌지 꿰뚫어보지 못하면 오히려 피해를 볼 수 있다. 주의가 필요하다. E의 체험처럼 말이다.

E는 남자 친구와 헤어진 후 좌절해 한숨만 쉬고 있었다. 그때 직장 동료 F가 말을 걸었다.

"무슨 일 있어?"

E는 사정을 털어놓았다. F는 이야기를 들어주며 따뜻하게 위로했다.

"힘들었겠구나."

고민은 누군가에게 말하는 것만으로도 가벼워지는 법이다. E는 조금 활기를 되찾았다.

"덕분에 속이 후련해졌어. 고마워."

그 후 F는 무슨 일이 있을 때마다 E를 염려했다. E가 살짝 고개를 숙이기만 해도 "괜찮아?"라고 말을 걸었고 "기분전환이나 하자"며 술자리에 데려갔다. 어떤 날은 "실연에는 새로운 사랑만 한 게 없다"며 미팅을 주선하기도 했다. 처음에는 고맙게 느껴졌던 F의 호의는 점점 부담스럽게 다가왔다. 결국 F가 지나치게 참견하자 E는 점점 입을 다물었다.

"너 이번 주에 연애운이 엄청 좋아."

"행운의 색은 빨강이래. 립스틱을 바꿔보면 어떨까?"

"이 머리를 하면 남자들이 줄줄 따를 거야."

F는 이런저런 연애 코치도 모자라 일거수일투족을 참견했다. E는 F를 피했고, 어느 날 다시 미팅을 시켜준다는 소리를 들었을 때 단호하게 거절했다.

"난 안 갈래. 이젠 남자한테 질렸어. 당분간은 누구도 만나고 싶지 않아. 잠시 혼자 있게 해줄래?"

이 말은 F에게 큰 상처가 됐다.

"그래. 내가 주제넘게 나섰네. 도움도 안 되면서……."

마치 E가 은혜도 모르는 나쁜 사람이라고 비난하는 듯한 말투

였다. F는 갑자기 희생자가 됐다. 친절을 베푸는 '구원자'의 위치에서 어느 새 상처를 입은 '희생자'로 입장을 바꾸어버린 것이다.

구원자에서 희생자로

이처럼 일련의 커뮤니케이션 속에서 입장이 달라지는 사람은 자기 자신도 모르게 게임을 하고 있을 가능성이 크다. 게임을 하는 사람은 희생자, 박해자, 구원자 중 하나의 역할을 연기하다가 도중에 역할을 바꾼다. 희생자였던 사람이 어느새 다른 사람을 괴롭히는 박해자로 변하거나, 구원자로 보였던 사람이 어느새 박해자로 변하는 식이다. 여기에는 다양한 패턴이 있지만 대개 마지막에 입장을 뒤바꾼다. 친절하게 도와주다가 갑자기 남을 원망하는 것이다. 이런 경우 '곤혹스러운 상대' 게임을 하고 있을 가능성이 높다.

F가 실행하는 게임의 유형은 '널 도우려고 했을 뿐이야(I'm Only Trying to Help You)'로 불린다. 이 게임은 '번거로운 치료자'라고도 불릴 정도로 의료 관계자나 카운슬러가 빠지기 쉬운 게임으로 알려져 있다. 특히 환자가 기대한 만큼 효과를 보지 못했다면 상담자는 당혹감과 고통을 느끼며 "당신을 도우려고 했던 것뿐입니다"라고 되뇐다. 이외에 지나치게 열성적인 교사나 극성맞

은 어머니가 이 게임에 빠지는 경우도 많다. 즉, 부모의 마음 P중에서도 다른 사람을 도우려는 NP가 강한 사람이 하는 게임이다. 1장의 마지막에서도 언급했듯이 NP가 강하게 작용하면 오히려 상대를 불쾌하게 만든다. 지나치면 모자람만 못한 법이다.

에릭 번은 이런 게임에는 더 중요한 이면이 존재한다고 지적했다. 바로 "사람은 은혜를 모르며 실망을 주는 존재"라는 입장이 그것이다. 이런 게임을 하는 사람들은 아무리 열심히 도와줘도 상대가 그것을 도움으로 받아들이지 않음을 확인해야 안심한다는 것이다.

지나친 친절에 숨겨진 본심

'널 도우려고 했을 뿐이야' 게임을 하는 사람은 게임을 통한 역할 교환을 원한다. 사실은 참견하고 싶을 뿐인데 이를 상대가 지적하면 '배신당했다'는 피해의식으로 슬쩍 바꿔 자기 자신을 속일 수 있기 때문이다. 결국 그는 '억지로 친절을 베풀었다'는 죄책감을 없애고 싶은 것이다. "당신을 위해서"라고 말하면 참견하고 싶은 욕구를 정당화할 수 있다. 무엇보다 자신의 만족감(누군가에게 힘을 주는 기분)을 얻는 것이 이 게임에 담긴 진정한 동기다.

자잘한 부분까지 일일이 가르치려고 하다가 "혼자 할 수 있어요"라는 말에 "도와주려고 했을 뿐인데……"라며 풀죽는 선배, 아무런 관계도 없는 사람을 괜히 소개하려다 거절당하면 "도움이 되고 싶었을 뿐인데……"라며 기죽는 친구 등 '널 도우려고 했을 뿐이야' 게임을 하는 사람은 주변에서 쉽게 찾을 수 있다.

이처럼 '당신을 도와주고 싶을 뿐이야'라는 구실로 실행한 게임이 실제로 힘든 처지에 있는 사람을 대상으로 할 때는 주의해야 한다. 예를 들어 어머니가 "다 너를 위해서 하는 일이야"라며 하루 종일 아이의 곁에 붙어 공부에 간섭한다면 어떨까? 고등학생이라면 그나마 어머니에게 반박이라도 할 수 있지만 유치원생이나 초등학생이라면 부모의 참견을 막을 방도가 없다. 자칫 아이가 무기력하게 자랄 수도 있다. 이때 어머니가 애가 타서 더 헌신하면 부모와 자식 모두 지쳐버릴지도 모른다.

직장에서 해고되어 우울증에 걸린 남편 옆에 붙어 하루 종일 "힘내라"고 격려하는 아내는 어떨까? 아내 역시 "당신을 위해서 이러는 거예요!"라고 말할 것이다. 하지만 우울증에 걸렸을 때는 애초에 남과 얽히는 것 자체가 고통스럽다. 옆에서 사사건건 참견하면 오히려 상처가 커져 우울증이 더 악화될 위험이 있다.

그런 의미에서는 의사나 카운슬러를 고를 때도 주의가 필요하다. 몸의 병이나 마음의 문제로 어쩔 수 없이 어려운 입장에 처했을 때 실제로 도움이 되는 치료, 진심이 담긴 조언을 받기 위해서는 제대로 훈련받은 인물을 선택해야 한다.

"반드시 제가 병을 고쳐드리겠습니다"라고 쉽게 장담하는 치료자에게는 문제가 있다. '이 사람이 계속 낫지 않아 내가 계속 간섭할 수 있으면 좋겠다'라는 본심이 숨어 있을지도 모른다. 치료자 역시 게임을 하고 있는 것이다.

혼자 고생을
다 떠맡는 사람

'널 도우려고 했을 뿐이야' 게임은 최종적으로 "도와주려고 했을 뿐인데"라고 한탄하면서 스스로 희생자 역할을 연기하는 시점에서 끝이 난다. 이와 달리 원조, 친절, 헌신을 억지로 베풀다가 진짜 희생자가 나오는 경우가 있다. 이는 '내가 안 하면 누가 해(Harried)'라고 불리는 게임으로, 말 그대로 고생을 자진해서 떠맡는 습관을 가진 사람이 실행한다. 다음은 직장인 G에게 벌어진 상황이다.

동료 : 안색이 안 좋아요. 괜찮아요?

G : 그래요? 하긴 어제도 야근했으니까.

동료 : 야근했어요? 너무 무리하진 마세요.

G : 그래도 이 일을 이번 주 안에는 어떻게든 끝내야 다들 편하잖아요.

G는 감기 기운이 있는데도 환송회에 착실히 얼굴을 내밀었다.

동료 : 어쩐지 오늘은 술을 입에도 안 대네요. 어디 안 좋으세요?

G : 네, 살짝 감기 기운이 있어서요.

동료 : 저런, 괜찮으세요? 그러고 보니 얼굴이 빨개요. 열나는 거 아녜요?

G : 아니에요. 괜찮아요. 이제 슬슬 회사로 돌아가 좀 더 일해야 돼요.

(다음날 감기는 더욱 악화되었다.)

계장 : 자네, 감기 걸렸나?

G : 네. 근데 걱정 마세요. 내일까진 제대로 마무리하겠습니다.

계장 : 아니, 그 건이라면 다음주까지 마쳐도 괜찮으니까 무리하지 말게.

그리고 다음날.

계장 : G군은 왜 안 보이지?

동료 : 열이 심하게 나서 병원에 들렀다 온다는데요.

직원들 : …… 너무 열심히 일하느라 힘들었나?

이 상황을 보면 G는 "회사를 위해서"라는 말은 한마디도 하지 않았지만 헌신적인 자신을 홍보하는 데는 성공한 듯하다. "도움이 되려고 했는데……"라고 입 밖으로 한탄하는 대신 쓰러지는 행동으로 희생자 역할을 연기한 것이다.

쓰러질 때까지 일하는 이유

이 게임을 하는 사람은 실제로는 '이젠 지쳤어' '고생만 하고 있어'라는 비참한 기분을 느낀다. 합리적으로 생각하면 '피곤하니까 조금 쉬자'는 결론에 이를 수 있지만 게임은 본래 어른의 마음 A가 작용하지 않는다는 특징이 있으므로 제대로 쉬지도 못한다.

예를 들어 '열심히 일해야 한다'는 의무감이 강한 사람은 일하지 않으면 불안해 하고 한층 자신을 몰아붙이려고 한다. 이들은 지쳐 쓰러질 때까지 일하면서 의무감을 채우고, 이상적인 자신에 다가설 수 있다는 안도감을 느낀다. 또 아이의 마음 C 중 AC가 지나치게 강해 "지쳤다"라고 솔직하게 말하지 못하고 끊임없이 일만 하는 경우도 있다.

의무감과 배려라는 이중 효과로 게임을 시작하는 사람도 많다. 일에만 매달려 과로사 한 사람들은 이 의무감과 배려를 함께 가지고 있을 가능성이 높다. 이 게임에서 가장 대표적으로 소개되는 사례는 '고생하는 주부'다. 가족을 위해 헌신하느라 정작 제

자신을 돌보지 못하고 좋은 주부, 좋은 아내, 좋은 어머니를 연기하면서 가족을 거북하게 만든다.

오늘날 이런 사례는 일중독 아버지에게로 옮겨왔다. 몇 시간에 이르는 출근 시간을 참고, 잔업도 마다하지 않으며 술 접대도 뿌리치지 못한다. 어쩌다 휴가를 얻으면 가족에게 봉사하기 위해 지친 몸을 채찍질한다. 자기 자신이 진심으로 즐겁다면 문제 될 것이 없지만 '내가 안 하면 누가 해'라는 의무감으로 대한다면 문제가 크다. 이들 중에는 "뭘, 가벼운 위궤양이니까 괜찮아"라고 말하며 수시로 배에 손을 갖다대고 얼굴을 찌푸리면서도 쉬라거나 병원에 가보라는 아내나 주위 사람들의 말은 좀체 들으려 하지 않는 경우가 많다. 결국 자신의 몸과 마음을 조금씩 갉아먹는 병을 인식하지 못하다 어느 날 갑자기 쓰러지고 만다.

흥미롭게도 이런 남자들은 '남자라면 자고로 열심히 일해서 가족을 행복하게 해주는 게 당연하지'라고 생각하는 여자와 결혼할 확률이 높다. 무의식중에 '내가 안 하면 누가 해' 게임을 하기 쉬운 여성을 고르는 것이다. 어쩌면 당연한 일일지도 모른다. "그렇게 무리하지 않아도 돼요. 몸을 생각하세요"라고 말하는 여성을 고르면 게임을 할 수 없기 때문이다.

게임 종결 – 걱정은 그만!

직장에서 지나치게 열심히 일하는 사람이 있다면 주위에서 신경을 써줄 것이다. 하지만 그 걱정을 위안으로 삼다가는 돌이킬 수 없는 상황을 맞을지도 모른다. 혹시 주변에 그런 사람이 있다면 "그렇게 일하다가 쓰러지면 어떡해"라는 말 대신 "그렇게 최선을 다해줘서 고마워"라고 감사의 마음을 표하면서 휴식을 권하자. 원하는 걱정 대신 적절한 감사에서 그치는 게 좋다.

은혜를 모른다고
화내는 사람

앞서 소개한 '내가 안 하면 누가 해'와 얼핏 비슷하지만 더욱 강박적인 사람들이 하는 게임이 있다. 이 게임에서는 플레이어가 최종적으로 '희생자'가 아니라 '박해자'로 변신한다. 부탁하지도 않았는데 필사적으로 헌신하다가 "이제 됐어"라고 거부하면 도리어 화를 내는 패턴으로, '이렇게 노력했는데(Look How Hard I've Tried)'라고 부르는 게임이다. 이 게임에서 종종 듣는 말은 다음과 같다.

"당신을 위해 모든 걸 다했는데 어떻게 나한테 이럴 수 있어!"

다시 말해 상대가 충분히 감사하지 않는다고 화를 내는 것이다. 이 분노는 직접 상대를 향하기도 하지만 "내가 이렇게 열심히 했는데 저 사람은 너무해"라는 식으로 주위에 책임을 돌리는 유형도 있다.

예컨대 사교 모임 임원을 맡아 모두를 위해 헌신적으로 활동했는데 그 노력을 제대로 인정해주지 않는다거나 보상해주지 않는다고 화를 내는 사람이 있다고 하자. 그는 게임 플레이어다.

"작년부터 육아 서클에서 간사를 맡고 있습니다. 우리 동네로 이사 온 사람은 차별하지 않고 모두 받아들이고 있습니다. 파벌이나 따돌림 같은 건 없애자고 약속했기 때문에 공평하게 기회를 주면서 밤새워 회보를 제작하고 행사를 기획했습니다. 바쁜 사람이 있으면 아이를 대신 돌봐주기도 했습니다. 근데 다들 너무 비협조적인 겁니다! 갑자기 사정이 생겼다나 뭐라나, 그렇게 결석하는 사람도 많고 도망치는 사람도 많습니다. 의욕 없는 사람뿐입니다!"

"다들 착실히 좀 해요!"라고 소리치는 그녀의 서슬에 놀라서 소심한 멤버들은 '여기서 빠진다고 하면 안 되겠지'라며 죄책감을 가질 것이다. 불평하지 않도록 마지못해 일을 돕거나 행사에 나오는 사람이 있을지도 모른다. '부담 없는 모임일 줄 알았는데……'라고 실망하는 사람도 제법 많을 것이다. '저렇게 무리할 필요는 없는데……' '아무도 부탁하지 않았는데……'라고 반감을 가질 가능성도 있다. 유쾌해야 할 사교 모임이 불편하고 불쾌한 모임이 된 것이다.

이때 죄책감이나 반감을 드러내면 '그렇게 헌신했는데 보상받지 못했어!'라는 입장으로 변신한 그녀는 이전보다 더 진화(?)할 수도 있다. 온갖 행사를 기획하거나 멤버를 한 명 한 명 설득하면서 모임을 위해 더욱 전력을 다하는 식으로.

게임 종결 – 상황을 역이용하라

이 게임을 그만두게 하려면 상대의 상황을 역이용하여 친절한 태도를 보이면 된다. 구체적으로는 아무리 작은 일을 하더라도 일일이 "고마워요, 역시 대단하네요"라고 추켜세우거나 상대가 일을 떠맡기 전에 "제가 도울게요"라고 나서는 것도 좋은 방법이다. '감사하는 마음이 부족하다'고 말할 수 없는 상황을 만들면 상대는 의욕이 떨어져서 게임을 중단할 것이다.

자신의 잘못은 모르고
남 탓만 하는 사람

자기 자신을 보호하고 정당화하고 싶다는 마음은 누구에게나 있다. 또 남에게 책임을 전가하거나 자신을 변호하는 것도 쉽게 저지르는 실수다. 오히려 모든 일에 깔끔하게 책임을 지고 잘못을 순순히 인정하는 경우가 드물다. 따라서 어쩌다 하는 실수라면 너그럽게 용서받을 수 있다. 하지만 핑계를 대는 게 습관으로 굳어 무슨 일이 있을 때마다 책임 전가와 자기변호를 한다면 문제는 심각하다.

예를 들어 한 학생이 매일 아침 늦잠을 잔 책임을 엄마에게 덮어씌운다고 생각해 보자.

"7시에 깨워달라고 했잖아! 엄마가 제대로 깨워주지 않아서 지각하게 생겼다고!"

이런 경우 몇 번이나 깨웠지만 정작 본인이 제대로 일어나지 못할 때가 많다. 그런데도 짜증을 내며 상대에게 책임을 돌린다면 기가 막힐 노릇이다.

자식에게 이런 말을 하는 어머니도 비슷한 경우다.

"이거 봐! 네가 떠드니까 엄마가 또 그릇을 깼잖아!"

아이 키우기가 아무리 힘들어도 아이가 떠드는 것과 그릇을 떨어뜨린 것을 연결짓는 행위는 지나치다. 게다가 '또 그릇을 깼다'는 것은 자신이 종종 그릇을 깬다는 뜻일 수도 있다. 이렇듯 아무런 관계가 없는데도 타인의 행동과 자신의 행동을 연결해 생각하는 '나쁜 습관'은 그 사람이 미숙하다는 사실을 반영할 뿐이다.

성적이 만족스럽지 않다고 무턱대고 학교나 교사를 탓하는 학생도 그렇다.

"내가 수학을 못하는 건 선생님의 수업이 지루해서야."

이런 말을 하는 학생은 그저 공부하기 싫을 뿐이다. 다만 그 본심을 스스로 인정하지 않는다. 어쩌면 본인은 '수업이 지루하다'는 것을 변명이 아니라 객관적인 사실이라고 믿고 있을지도 모른다. 아이의 마음 C가 잠식하여 냉정한 어른의 마음 A가 제대로 작용되지 않게 된, 자격지심이 강한 사람이다.

환자 중에도 이런 사람이 때때로 있다.

"선생님이 약을 바꾸고 나서 오히려 상태가 나빠졌어요."

"그 검사를 받고 나니까 머리가 아파요! 선생님, 저한테 대체 뭘 하신 거예요?"

이런 환자일수록 "이 약은 전에 먹은 약하고 다르게 꼭 아침에 드세요"라고 거듭 당부해도 좀처럼 지키려고 하지 않는다. 불만이 많아 "그럼 다른 병원에 가보세요"라고 말하고 싶지만 (그리고 실제로 말하는 경우도 종종 있지만) 대체로 꾹 참는다. 생글생글 웃으며 "그러니까 이 약은……"이라고 설명을 반복하는 수밖에 없다. 일반적인 직장에도 이런 사람들이 있다. "직원들이 말을 안 들어서 어쩔 수가 없었습니다"라고 부장에게 변명만 늘어놓는 과장이 당신 회사에도 있지 않은가?

이런 사람은 교류분석에서 말하는 '너 때문에 이렇게 됐어(See What You Made Me Do)' 게임의 플레이어다. 실제로는 자신에게 문제나 책임이 있어도 반드시 상대에게 책임을 떠넘기는 것이다.

당연히 다른 게임처럼 본인은 책임을 전가한다고 생각하지 않는다. 자신은 잘못하지 않았고 변명이 아니라 정당한 의견을 내놓고 있다고 생각한다. 어쩌면 마음 한구석에서는 어렴풋이 깨닫고 있을지 모르지만 매우 능숙하게 자기변호를 하면서 스스로도 '상대가 나쁘다'고 믿는 것이다.

게임 종결 - 책임 전가의 표적이 되지 말자

"네 탓이야!"라고 화를 내는 사람이 있다면 이 게임의 플레이어일 가능성을 고려해 조심스럽게 상대하자. 책임 전가의 표적이 되지 않기 위해서는 그 사람에게 결정권을 맡기는 방법이 유효하다. 그 사람이 전적으로 '내 책임이다'라고 인정하는 상황을 만드는 것이다.

예를 들어 늦잠 자는 가족이 이 게임을 하고 있다면 깨워달라는 부탁을 받아도 뭔가 이유를 대서 반드시 거절하라. "깨워주지 않아서 또 늦잠 잤잖아"라는 불평을 듣더라도 그대로 내버려두기 바란다. 원망을 듣는다고 흔들려서는 안 된다. 스스로 일어나지 않는 한 문제가 해결되지 않는다고 본인이 알 때까지 기다릴 수밖에 없다. 본인을 위해서도 그 방법이 가장 좋다.

문제는 직장 동료를 가족처럼 거절하거나 무시하기가 쉽지 않다는 점이다. 그럴 때는 증인을 세워보면 어떨까? 업무를 시작하기 전에 "과장님, 이렇게 지시하신 거 맞죠?"라고 주위에 들리도록 확인하거나, 업무를 시작하고 나서 경과를 상세하게 보고하고, 문제가 생겼을 때도 "과장님, 어떻게 하면 좋을까요?"라고 가장 먼저 보고하는 것이다. 그래도 만만치 않은 '천적'은 "직원들 탓이야. 난 잘못 없어"라고 변명할 것이다. 하지만 평소 행동을 통해 주위에서는 어느 쪽이 잘못했는지 금방 안다. 그런 평가는 의외로 빨리 퍼져 게임을 한 사람은 머지않아 평판이 나빠질 것이다. 당신은 당당하게 지내면 된다.

　스스로 종종 책임을 전가하고 있다는 느낌이 든다면 나쁜 습관이 나오지 않도록 주의하자. 교묘한 자기변호로 자기 자신은 속였다고 해도 주위 사람 모두를 속일 수는 없다. 이런 습관을 가지면 언젠가는 '한심한 사람'이라는 낙인이 찍히고 만다.

　무조건 "제 탓입니다"라고 말하라는 게 아니다. 우선 어른의 마음 A가 제대로 움직이게 만들자. 그저 냉정하게 '늦잠을 잤다' '그릇을 깼다' '성적이 떨어졌다' '약을 먹는 방법이 틀렸다' '일하다가 문제가 생겼다'는 사실을 있는 그대로 인정하자. 그것만으로 충분하다. 이는 대단한 범죄가 아니다. "그릇이 깨졌다!"라고 고함쳐도 좋으니 여기에 "네 탓이야"라고 덧붙이면서 타인의 책임으로 돌리지 않도록 하자. 이것으로 게임은 끝이다.

주변을
한탄하는 사람

 이번 이야기의 주인공은 30대 직장 여성인 H다. 평소 그녀는 국제적인 업무를 꿈꾸며 여러 번의 이직 끝에 자신에게 맞는 직장을 찾았다. 그녀는 이전 직장에서는 남녀 차별 때문에 자신의 실력을 제대로 평가받지 못해 번번히 외국 출장에서 제외됐다고 생각했다.

 '남자는 능력이 없어도 금방 외국에 발령을 받거나 출장을 가는데 나는 아무리 노력해도 소용이 없었어. 남녀차별이 없다면 나도 벌써 외국에 나갔을 텐데……'

 실제로 그녀는 자신의 꿈을 이루기 위해 착실히 실력을 쌓았다. 영어 공부를 열심히 해 원어민 못지않게 영어를 구사할 수 있었고, 전공과 관련된 자격증도 많다. 하지만 기대와 달리 지금의 회사에서도 기회는 오지 않았다. 심지어 일하는 부서에서 해외 담당 업무 직원을 뽑았지만 그녀는 선발되지 않았다. 그녀는 즉시 이의를 제기했다.

그녀는 상사에게 왜 자신이 선발되지 않았는지 물었다. 그녀가 보기에 해외로 발령받은 사원은 해외 경험이 풍부하지도 않았고, 그녀만큼 영어 실력도 뛰어나지 않았다. 그녀가 보기에 이유는 단 하나, 남자라는 것뿐이었다. H는 항의했다.

"영어 실력이라면 제가 이 회사에서 제일 뛰어납니다. 남녀 차별로밖에는 설명이 안 되네요."

하지만 상사는 이렇게 말했다.

"남자든 여자든 상관없었어. 자네가 영어 실력이 뛰어나고 일에 대한 의욕도 강하다는 사실은 인정해. 하지만 이 건을 맡길 수는 없었네. 지금 자넨 브레이크 없는 경주용 자동차 같아. 좀 더 유연성을 길러서 다음 기회에 도전해보게. 지금 내가 자네에게 할 수 있는 충고는 이것뿐일세."

당시 H는 분노 때문에 상사가 왜 경주용 자동차 이야기를 꺼냈는지 도무지 이해할 수 없었다.

'회사에서 남녀 차별만 없었다면 이번에야말로 외국에 갈 수 있었는데……'

그렇게 생각한 그녀는 '회사를 옮기자'고 다시 결심했다. 이 에

피소드를 듣던 그녀의 지인은 이렇게 말했다.

"당신의 가장 큰 목적은 무엇인가요? 그렇게 외국에서 일하고 싶다면 유학을 가도 좋고 처음부터 외국에서 직장을 찾아도 될 텐데요."

정답이다. 왜 그녀는 그런 선택을 하지 않았을까? 왜 그녀는 출장만 고집했던 것일까? 나는 문득 H가 '그 사람'과 조금 닮았다고 생각했다. 그 사람이란 항상 다른 사람 때문에 자신이 하고 싶은 일을 할 수 없다고 한탄하는 사람이다. 다음처럼 말이다.

소심한 사람의 책임 전가

① "저런 상사 밑에 있으니까 내가 출세하지 못하는 거야. 김과장님 같은 분과 한 팀이었으면 일하기 편했을 텐데"라고 한탄하지만 막상 원하는 상사와 함께 일해도 전혀 성과를 거두지 못하는 직장인.
② "나도 댄스 교실에 가고 싶어. 근데 시어머니가 집에 있으라고 난리야. 시어머니만 허락하면 나도 갈 수 있을 텐데"라고 불평하고는 모처럼 시어머니가 허락해 댄스 교실에 가도 곧 그만두는 며느리.
③ "애들한테 손이 덜 가면 해외여행도 갈 수 있을 텐데"라고 불

만을 터트리면서 아이가 커서 여유가 생겨도 결코 해외여행을 가지 않는 주부.
④ "회사가 제대로 지원해주지 않으니까 개발에 전념할 수 없어"라고 푸념을 늘어놓으면서 사장이 바뀌고 많은 예산을 할당받아도 좀처럼 아이디어를 내놓지 못하는 연구원.

이런 사람들은 '이런 상황에 처해 있어서 그런 거야'라고 책임을 회피하고 '그러니까 어쩔 수 없어'라는 태도를 보인다. 하지만 실제로는 상황이 개선되어도 하고 싶은 일을 할 수 없는 무능한 사람들이다. 남만 탓하는 일종의 '책임전가자'로 조금 유형이 다르다. 이들은 푸념이나 한탄을 하면서 '어차피 불가능하다'고 희생자와 같은 입장을 취한다. 자신에게 닥칠 일이 두려운 것이다. 그 속마음을 들여다보면 다음과 같이 정리할 수 있다.

- 출세 경쟁에 뛰어들 자신이 없다.
- 사람들 앞에 나서기 싫다.
- 해외여행이 두렵다.

내면에는 이런 불안들이 숨겨져 있는 것이다. 이런 유형의 책임전가는 공포나 불안을 감춘 독특한 위장이다. 이는 게임의 일종으로 '너만 그러지 않았다면(If it Weren't for You)'이라고 불린다. 이 게임의 플레이어는 자신의 공포나 불안을 잠재적으로 느끼고, 그 감정을 누군가의 탓으로 돌릴 수 있는 상황으로 숨는다.

예를 들어 춤을 배우고 싶은 며느리의 경우 '시어머니는 내가 불편한 곳에 가지 않도록 한다'는 속마음을 가지고 있다. 따라서 "여자라면 자고로 집을 지켜야지!"라는 시어머니의 시대착오적인 이야기가 오히려 반갑다. 이 상태가 이어지면 며느리는 댄스 교실에 가지 않을 핑계를 댈 수 있다. 며느리는 무의식적으로 이런 시어머니가 있는 남편을 선택했을지도 모른다. 개방적이고 사교적인 시어머니에게 "집에만 있지 말고 사람들도 만나고 네가 즐길 수 있는 일을 찾아 보렴" "같이 모임에 갈래?"라는 소리를 들으면 본심을 은폐하지 못한 채 사람들 앞에 나서기 꺼리는 자신을 속속들이 내보일 수밖에 없기 때문이다.

이런 여성은 시어머니 대신 지배적인 남편을 선택하기도 한다. 이를 통해 '당신만 아니라면 뭐든 할 수 있다'는 심리적 통행권을 얻는 것이다. 남편은 아내가 자신의 두려움을 인식하지 못하도록 사실상 보호하는 서비스를 제공한다

자신도 모르는 불안

이제 H의 에피소드로 돌아가면 무엇이 문제인지 보인다. 그녀도 실은 외국에서 일할 자신이 없어서 게임을 통해 본심을 위장하고 있는지 모른다. 영어만 잘하면 국제적인 업무를 능숙하게 처리할 수 있을까? 그에 못지않게 인간관계의 유연성이나 업무 적응력도 중요하다. H는 그런 능력이 부족했던 것이다. 그리고 그 속마음을 감추고 싶었던 것이다.

그녀는 "브레이크 없는 경주용 자동차" "유연성을 길러서"라는 상사의 말을 곱씹어 볼 필요가 있다. 만약 외국으로 출장을 갔다가 오히려 문제를 일으키면 회사는 물론 H 자신도 손해를 볼 것이다. 상사는 이를 간파한 것이다.

만약 "그래. 자네가 갔다 오게"라고 외국에 내보냈다면 그녀는 어떻게 되었을까? 외국에 나가서 온갖 고생을 하고 자신의 진짜 문제(자신감 혹은 유연성 부족 등)를 깨달았을까? 어쩌면 몸 상태가 갑자기 나빠져서 출장을 못 가는 식으로 또 다른 위장 형태를 취했을지도 모른다. 이런 상황에서도 그녀는 "남녀 차별이 없다면……"이라고 회사를 탓할 수 있다. 자신의 결점과 마주하지 않아도 된다. 이것이 그녀 스스로 원했던 결과는 아니었을까?

H는 다음에도 무의식적으로 '자신의 진정한 실력을 꿰뚫어볼

수 있는 회사'를 고를 확률이 높다. 그렇다면 같은 게임을 반복할 수밖에 없다.

게임 종결 – "만약"에 주의하라

이 게임을 간파하는 요령은 "만약 그랬다면……"이라고 말할 때의 '만약'에 이어지는 내용에 주의하는 것이다. 그 내용이 '말해 봤자 어쩔 수 없는 일'이라면 가능성은 높다고 할 수 있다. H처럼 스스로 대책을 모색하지 않고 줄곧 "그러니까 어쩔 수 없어"라고 변명만 한다면 게임을 하고 있다는 결정적인 단서가 될 것이다. 다만 주변에서 이 게임을 중단시킬지 말지는 신중하게 결정해야 한다. 위장된 본심이 스스로 극복할 수 없는 공포나 불안이라면 주위에서 아무리 떠밀어도 해결할 수 없기 때문이다.

만약 본인이 '나도 그런 게임을 하고 있는 것 같아'라고 깨달았다면 이는 자신을 다시 발견하는 좋은 기회가 될 것이다. 게임을 깨닫는 것은 업무뿐 아니라 생활 전반을 돌아보는 계기가 된다.

불행에 매달려
호소하는 사람

1장에서는 '제대로 달래지 못하는 것은 당신 탓이 아니다'라는 게임('내가 문제라고 말해' 게임)을 소개했다. 이번에는 '제대로 격려하지 못하는 것은 당신 탓이 아니다'라는 이야기를 해보자. 누군가를 격려하고 응원했을 때 이런 말이 돌아오면 당신은 어떤 느낌이 드는가?

"학벌도 안 좋은 저한테 그렇게 기대하지 마세요!"
"항상 작심삼일로 끝나는 저한테 대체 뭘 시키려고 하세요?"
"이미 녹초가 되어버린 저한테 대체 뭘 원하는 건가요?"
"이렇게 몸이 약한데 더 이상 뭘 어쩌겠어요!"

용기를 주려다가 이처럼 도리어 원망을 들으면 맥이 빠지거나 불쾌한 감정이 든다. 그들은 희생자의 역할을 연기하면서 자신을 격려하는 사람에게 "무리한 말은 하지 마세요"라고 항의한다. 눈치 챘겠지만 이 역시 게임 중 하나다.

이 게임은 본래 "의족을 한 저한테 뭘 기대하는 건가요?"라는 이야기가 바탕이 됐다. 따라서 '난 연약해' 혹은 '의족 게임 (Wooden Leg)'으로 불린다. 이들은 '나 같은 엄마에게' '나 같은 남자에게' '나같이 공부 못하는 사람에게'와 같은 자세를 취한다. 하지만 실제로 장애를 가진 사람이 이 게임을 하는 경우는 오히려 드물다. 장애를 가진 사람은 대부분 현재 자신이 가진 능력을 최대한 살리고자 하는 노력파들이기 때문이다. 반대로 이 게임은 자신의 능력을 인정하지 않는 것이다. 몇몇 불리한 조건을 핑계로 "난 불행해"라고 주위에 호소하면서 가능한 일마저 불가능하다고 단정한다.

스트레스로 병에 걸린 환자가 이 게임을 하면 매우 난처하다. 예를 들어 교통사고 후유증과 같은 구실을 대면서 퇴원을 미루거나 "너무 괴로워요. 도저히 일할 수 없어요"라고 투덜거리면서 복직을 미루기도 한다. 물론 스트레스에 시달리면 현실적으로 여러 증상이 나오므로 필요에 따라 휴식을 취해야 한다. 문제는 그 증상을 '치료해야 한다' '개선해야 한다'는 의지가 없다는 점이다.

이 게임은 임상에서 치명적일 수 있다. 환자들은 시간, 감기 등 온갖 스트레스를 핑계로 댄다. 마치 병에 걸려 다행이라는 듯 증상에 숨어 나으려는 의지를 전혀 보이지 않는 것이다. 이런 환자는 의사도 고칠 수 없다. 의료 현장을 벗어나 실제 생활에서 이 게임은 한탄의 형태로 실행된다. "전 불우하게 자라서 밝게 행동할 수 없어요. 제 인생은 왜 이 모양인지 모르겠네요"라는 푸념에는 이 게임의 냄새가 난다.

게임 종결 – 기를 쓰고 격려하지 말라!

이 게임에 대응하기 위해서는 지금 가지고 있는 능력으로 무엇을 할 수 있는지 살피거나 진짜 문제가 무엇인지 밝히는 방법이 유용하다. 하지만 이를 실천하기란 결코 쉬운 일이 아니다. 기껏 조언해봤자 '내 고통은 아무도 알아주지 않아'라고 원망하는 박해자로 변신하기 때문이다.

"내버려둬."

"동정 따윈 필요 없어!"

여기서는 불행하게 보이는 모습의 이면에는 '당신은 OK가 아니다'라고 비난하는 태도가 감춰져 있다. 상대를 얼마든지 박해자로 뒤집어 볼 수 있다. 따라서 상대가 격려를 받아들이지 않더라도 책임을 느낄 필요는 없다. 그 사람은 불행을 뒤집어쓰는 게임을 하고 있기 때문이다.

  사람은 누구나 열등감이나 약점을 지니고 산다. 그것을 숨기기에만 급급하다면 내 안에서 점점 더 크게 자랄 뿐이다. 약점을 자신의 장점으로 바꾸고, 그 장점들을 이용하여 살아가는 것이 행복에 이르는 길이다. 누군가 불행을 뒤집어쓴 모습을 본다면 자신의 모습을 살짝 거울에 비춰보고 불행해 보이지 않는지 확인하는 계기로 삼기 바란다.

게임에도
찰떡궁합이 있다

이번 이야기의 주인공 I는 애연가이자 애주가다. 그는 회사에서 실시하는 건강검진 때 "이대로라면 고혈압이나 당뇨병에 걸릴 수 있고 심하면 암에 걸릴 수도 있어요. 담배와 술을 끊으세요"라는 권고를 받았다. I는 겁을 먹고 '이번에는 기필코 술과 담배를 끊자'고 다짐했다. 그는 금연 세미나에 참가했다.

"담배를 꼭 끊고 싶어요. 잘 부탁드립니다."
금연 전문가는 실천 매뉴얼을 주며 이렇게 말했다.
"그러면 이대로 실천하시기 바랍니다."
그 후 I는 간간히 세미나에 참석하면서 상담을 받았다.
"어떠세요?"

"그게, 어제 회식이 있어서 술을 많이 마시는 바람에 저도 모르게 담배를 피웠습니다."

"어쩔 수 없죠. 오늘부터 다시 시작하세요."

"네, 그러죠."

그러나 I는 결심을 성실하게 실행하지 못했다.

"이번에는 어떤가요?"

"죄송한데 일하다가 문제가 생겨서 스트레스를 받아 다시 담배를 입에 댔네요. 이거 참 마음먹은 대로 안 되네요."

"그렇다면 이제는 방법을 바꿉시다. 담배는 모조리 버리세요. 대신 스트레스를 받으면 운동을 하거나 밖으로 나가 산책을 해보도록 하시죠. 차를 마시며 명상을 해도 좋고요."

"알겠습니다. 그렇게 하죠."

하지만 I는 금연은커녕 금주에도 성공하지 못했다.

"새로운 방법에 다시 도전해봅시다."

"이제 됐습니다. 전 의지가 약해서 금연은 불가능할 것 같습니다."

"I 씨를 위해서 새로운 방법을 찾았는데……."

I는 "금연하고 싶습니다"라고 부탁하는 희생자와 같은 입장에서 시작했지만 마지막에는 "저한테 그건 너무 어렵습니다"라고 세미나 담당자를 공격하는 박해자로 입장을 선회했다. 여기서 주의해

야 할 것은 세미나 담당자의 "I 씨를 위해서……"라고 아쉬워하는 대목이다. 이는 2장 초반에 소개한 소위 '널 도우려고 했을 뿐이야' 게임에서 종종 사용되는 말이다. 즉 세미나 담당자 역시 게임을 하고 있는 것이다. 이처럼 한 게임이 아니라 서로 다른 두 게임이 동시에 실시되는 경우도 있다. 궁합이 좋은(?) 두 게임이 합쳐지면 더 순조롭게 진행된다.

I의 경우가 바로 그렇다. 처음에는 I가 희생자이고 세미나 담당자가 구원자였지만, 나중에 I가 박해자로 변하는 시점에 세미나 담당자는 희생자로 변한다. 각자 게임을 실행하는 과정에서 서로 편의에 맞는 역할을 한 것이다. '궁합이 좋다'고 했지만 실제로는 서로 나쁜 습관을 키워 문제를 악화시키는 나쁜 조합이다.

지나친 참견 VS 나를 속이기

게임의 궁합 문제로 가장 유명한 조합은 "당신을 도와주고 싶었을 뿐인데……"라는 키워드를 가진 '널 도우려고 했을 뿐이야' 게임과 "음, 근데……"라는 키워드를 가진 '음, 근데' 게임의 조합이다. 이는 일상생활에서도 자주 발견된다.

J : 큰일이야. 컴퓨터가 갑자기 멈췄어. 어떡하지?

K : 나한테 맡겨. …… 자, 다 고쳤어.
J : 음, 근데 또 멈추면 어떡해? 어떻게 고치는지 가르쳐줘.
K : 그래, 알려줄게. 여기 봐봐. 이렇게 고치면 돼.
J : 음, 근데 어려워서 잘 모르겠어.
K : 실제로 해보면 간단하니까 지금 해봐. 도와줄게.
J : 음, 근데 너도 바쁠 텐데 미안해서 어떻게 그래. 됐어.
얼마 후 J의 컴퓨터는 또 다시 고장이 났다. K는 자신을 찾아온 J를 보며 기운 빠진 목소리로 말했다.
K : 거 봐, 어떻게 고치는지 가르쳐준다고 했더니…….

'널 도우려고 했을 뿐이야'의 유형인 K는 J가 컴퓨터에 익숙하지 않다는 사실을 알자 끈질기게 친절을 베풀었다. 한편, J는 "가르쳐줘"라고 말해놓고 '네가 하는 말은 듣지 않아'라는 의미가 담긴 '음, 근데' 게임을 했다. 그는 상대와 하염없이 대화하는 데 재능이 있다. 이때 집요한 친절은 '음, 근데' 게임을 계속하는 데만 도움이 된다.

K도 J가 열심히 배우지 않아서 다시 컴퓨터를 망가뜨리면 "내가 애써 알려줬는데……"라고 한탄하면서 피해자인 척할 수 있다. K는 "가르쳐줄게"라고 강요하고 J는 "음, 근데……"라고 거부하는 과정이 둘 사이에서 되풀이되는 것이다. 이쯤 되면 둘 간의

관계는 '게임 전투'라는 최악의 구렁텅이에 빠져들고 만다. "기껏 알려줬더니 너무하네" "네 잔소리엔 질렸어"라고 서로 공격하는 게임으로 발전한다.

게임 종결 – 게임 주체를 파악하라

상대가 게임을 하고 있을지도 모른다는 사실을 깨달았다면 '어쩌면 나도……'라고 확인하는 것이 중요하다. 교류분석에서는 '사람은 각자 즐겨 하는 게임이 있다'고 판단한다. 앞서 말했지만 게임은 인간관계의 '나쁜 습관'이다.

누군가와 소통하는 과정에서 불쾌한 감정이 생겼다면 당신은 게임에 휩쓸렸을 가능성이 있다. 그 불쾌한 감정을 항상 특정한 사람에게만 느낀다면 상대가 게임을 할 가능성이 높다. 누구나 특정한 사람에게 불쾌한 감정을 느끼는 것도 마찬가지다. 반대로 그 불쾌한 감정이 상대나 상황이 달라져도 나타나고, 과거 어디선가 느낀 적이 있다면 당신 스스로 게임을 하고 있다고 생각해야 한다. 그럴 때는 이 책에서 접한 게임의 전형적인 태도나 대사를 떠올리기 바란다. 게임을 하고 있는 사람이 상대든 자신이든, 혹은 둘 다든 어떤 문제점이 있는지 파악하는 계기가 될 것이다.

···· 역할 교환에 따른 게임 재분류 ····

① **이렇게 노력했는데**
  (구원자에서 박해자로)
  · 이렇게 노력했는데
  · 내분

② **음, 근데**
  (희생자에서 박해자로)
  · 음, 근데
  · 이 자식, 잘 걸렸어
  · 내가 문제라고 말해
  · 난 연약해
  · 알코올 중독
  · 너 때문에 이렇게 됐어

박해자
Persecutor ①→ 구원자
Rescuer

좋은 게임?

② ③ ④

희생자
Victim

③ **날 차버려**
  (박해자에서 희생자로)
  · 날 차버려
  · 네가 그러지 않았다면
  · 결점

④ **널 도우려고 했을 뿐이야**
  (구원자에서 희생자로)
  · 널 도우려고 했을 뿐이야
  · 내가 안 하면 누가 해

"대체! 어쩌려고 그래!"

"하루를 어떻게 보내지?"

"이 사람하고는 정말 안 맞네"

"혼자 있는 게 마음 편하지"

"당신이 아니라 내가 옳아!"

3

사람들은 왜 게임을 할까

인간관계가
지긋지긋하고 괴롭다면

금속은 소리로 그 재질을 알 수 있지만
사람은 대화를 통해 서로의 존재를 확인한다.
- 스페인 철학자 발타자르 그라시안

게임은 사람을 불쾌하게 만드는 성가신 습관이다. 그렇다고 게임이 특수한 사례는 아니다. 인간관계를 하다보면 자기도 모르게 게임을 하거나 반대로 상대의 게임과 맞닥뜨리는 법이다. 어떤 때는 인간관계가 번거롭게 느껴지고, '저 사람을 왜 만났을까?'라는 후회도 든다. 모든 인간관계를 끊고 싶지만 그럴 수도 없다. '은둔형 외톨이'가 아닌 이상 우리는 최소한의 인간관계를 맺고 살아야 한다. 이쯤 되면 의문이 든다. 괴로운 커뮤니케이션을 해야 하나 말아야 하나? 아니 커뮤니케이션은 인간을 위하는 걸까?

여기서 '사회생활을 위해 어쩔 수 없다'는 결론에 이르렀다면 더 이상 고민할 필요가 없다. 결의를 다지고 그런 마음을 안고 가면 된다. 살면서 생기는 어느 정도의 불편함과 갈등은 인간관계의 그림자이기 때문이다. 하지만 수없이 되풀이되는 기계적이고 피상적인 인간관계가 지긋지긋하고 괴롭다면 더 근본적인 커뮤니케이션을 고민해야 한다.

사람이 커뮤니케이션을 추구하는 이유는 마음의 생명을 유지하기 위해서다. 육체의 생명을 유지하는 데 산소나 수분, 영양이 필요하듯 마음의 생명을 유지하는 데는 커뮤니케이션이 그 역할을 한다.

아무도 없는 곳에서 홀로 살아간다든가 주위 사람과 아무런 관계를 맺지 않고 사는 것은 인간에게 자연스러운 상황이 아니다. 아니 전혀 도움이 되지 않는다. 예를 들어 따돌림을 당했을 때 사람들은 흔히 '무시당했다'고 생각한다. 이는 물리적으로 난폭한 취급을 당했기 때문이 아니다. 그저 커뮤니케이션이 부족한 것만으로 마음이 다치는 것이다.

아이를 키우면 이런 상황은 더 쉽게 알 수 있다. 시간에 맞춰 자동으로 우유를 먹이고 기저귀를 갈아주는 기계가 나와도 아이의 '마음'만은 키울 수 없다. 살아 숨쉬는 인간과 커뮤니케이션을 해야 비로소 마음이 자라고 살아갈 힘을 얻기 때문이다.

인간관계를 개선하고 싶다는 마음은 '깨끗한 공기를 마시고 싶다' '맑은 물을 마시고 싶다' '맛있는 음식을 먹고 싶다'는 바람과 같다. 피할 수 없다거나 어쩔 수 없는 무엇이 아니라 적극적으로 추구해야 하는 일이다.

그렇다면 청결한 공기와 안전한 물, 건강에 좋은 식사에 해당하는 마음의 양식은 무엇일까? 3장에서는 마음의 양식에 관한 이야기를 통해 사람이 게임을 하는 이유를 살펴보자.

마음은
어루만짐을 원한다

사람과 사람이 교류할 때 마음에는 자극이 주어진다.

"안녕하세요. 날씨 참 좋네요."

"네, 정말 좋네요."

간단한 인사를 주고받아도 기분이 좋아진다. 마음에 '맛있는 자극'이 주어진 것이다. 이런 자극을 교류분석에서는 '스트로크 stroke'라고 부른다. 원래 이 단어는 '쓰다듬다' '때리다'라는 뜻인데 교류분석에서는 '마음에 대한 자극'이라는 의미로 사용한다.

대화를 통해 메시지를 주고받고 악수를 하고 아이를 안는 스킨십 등이 스트로크다. 미소를 보내거나 목례를 하는 동작도 스트로크다. 이렇게 스트로크를 공급해야 마음이 계속 활동할 수 있다. 즉 신체의 양식인 산소나 수분, 영양에 해당하는 정신의 양식이 바로 스트로크인 셈이다. 스트로크가 우리의 마음을 어루만지는 것이다.

만약 스트로크를 얻지 못하면 어떻게 될까? 예를 들어 당신이 "안녕하세요. 날씨 참 좋네요"라는 말을 건넸는데 상대가 아무런 대꾸도 하지 않는다면 어떨까?

분명히 불안할 것이다. '뭔 일 있었나?' '내가 뭘 잘못했나?'와 같은 온갖 생각들이 머릿속을 휘저을 것이다. 상대에게 "무슨 일 있으세요?"라고 확인하거나 "있잖아, 옆집 사람한테 인사했는데 그냥 무시하더라"처럼 누군가에게 호소하고 싶은 마음도 든다. 상대가 스트로크를 돌려주지 않아 마음이 허기를 느끼고 대체할 수 있는 다른 스트로크를 원하기 때문이다. 양식이 부족하면 마음도 굶주린다. 즉 '인정'에 대한 허기를 느끼는 것이다.

인사를 하고 답례를 받으면 자신의 존재를 인정받은 느낌이 든다. 반대로 반응이 없으면 불안해 간절하게 인정을 바라게 된다. 사람은 언제나 스트로크, 즉 '마음의 양식'이 필요하다.

마음의 양식을 얻는 방법

사람에게 자연스럽게 스트로크가 주어지지 않으면 인위적으로 스트로크를 얻으려고 한다. 불량배들이 거리를 지나가는 사람들을 노려보면서 "뭘 봐!"라고 시비를 건다고 생각해 보라. 이런 방법으로는 마음의 양식을 얻기는 어렵지만 적어도 상대를 겁먹게 하거나 분노하게 만들어 자신이 주목받는 상황을 만들 수 있다. 자신의 존재를 상대에게 각인시키는 것이다. 이런 방식으로 우선 인정에 대한 허기를 채울 수 있다.

실제로 어떤 스트로크라도 없는 것보다는 낫다. 명품 생수만 이용한 귀부인이라도 사막에서 갈증을 느끼면 살기 위해 흙탕물이라도 마셔야 한다. 숲에서 배가 고프면 나무껍질이라도 갉아먹어야 한다.

아이는 이를 본능적으로 알고 있다. 아이는 보채거나 울면서 자연스럽게 또 능수능란하게 부모에게서 스트로크를 받는 데 성공한다. 누구나 어린 시절에 그런 경험을 가지고 있다.

다시 말하면 스트로크, 즉 마음의 양식은 반드시 기분 좋은 자극만이 아니다. 시비를 거는 불량배처럼 욕설이나 분노, 공포와 같이 상대에게 기분 나쁜 자극을 주는 스트로크도 있다. 이렇듯 상대에게 불쾌한 자극을 주는 스트로크를 '부정적인 스트로크'라고 부른다. 반면 상대에게 유쾌한 자극을 주는 스트로크는 '긍정적인 스트로크'다.

마음의 양식이라는 본래의 의미에 적합한 스트로크는 당연히 '긍정적인 스트로크'다. 흔히 스트로크라고 하는 경우는 긍정적인 스트로크를 가리킨다. 다만 필요에 따라 부정적인 스트로크가 나타날 수도 있다. 어떤 식으로든 인간은 스트로크가 필요한 것이다. 불량배나 칭얼거리는 아이처럼 부자연스러운 형태라도 상관하지 않고 스트로크를 모으려는 인간의 습성은 다음과 같이 정리할 수 있다.

"사람은 긍정적인 스트로크가 부족하면 부정적인 스트로크를 모으기 시작한다."

불쾌한 반응이
무반응보다 낫다

아이는 자라면서 스트로크를 얻는 확실한 방법을 조금씩 깨닫는다. 얌전하게 가만히 있으면 용돈을 받고, 시험에서 100점을 받으면 칭찬을 듣고, 심부름을 하면 칭찬을 듣는다. 반대로 장난을 치고 시끄럽게 굴면 야단을 맞는다. 부정적인 스트로크를 체험하는 것이다. 이처럼 어떤 일정한 조건을 충족시킬 때 주어지는 자극을 '조건적 스트로크'라고 한다. 일반적으로 가정교육에서 많이 적용되며 아이의 행동에 따라 스트로크가 주어진다.

조건적 스트로크의 비중은 어른이 되면 더 늘어난다. 열심히 공부하면 원하는 학교에 합격한다, 멋진 몸매를 만들면 여자들에게 인기가 많다, 열심히 일하면 부자가 된다 같은 것들이 조건적 스트로크의 예다. 하지만 이 조건적 스트로크는 조건이 부여되지 않은 스트로크에 비해 심리적 영양가는 낮다. 예컨대 "이런 이유로 상을 준다"는 말보다 "사랑해!"라는 진심 어린 고백이 훨씬 큰 감동을 준다. 아무리 엄청난 대가가 따르더라도 아무런 조건 없이 상대의 존재 자체에 주어지는 스트로크를 넘어설 수 없기 때문이다. 따라서 조건적 스트로크만 주어지면 마음은 영양실조에 걸려 더욱 직접적이고 강한 자극을 원하게 된다. 그러면 다음과 같은 일이 일어난다.

"사람은 조건적 스트로크만 주어지면 부정적인 혹은 무조건적인 스트로크를 더 얻으려고 한다!"

허기를 채우는 나쁜 습관

어느 날 아이가 자신의 성적표를 어머니에게 보여주었다.
"저 수학 98점 받았어요!"
"와, 그래? 근데 2점만 더 땄으면 100점인데……."
"국어는 99점 받았어요!"
"아, 1점만 더 땄으면 좋았을걸."
"100점 받은 과목도 있어요!"
"반에서 몇 명이나 100점 받았어?"
시험에서 100점을 받으면 칭찬을 듣는다. 하지만 모두 100점을 받는 쉬운 시험이라면 웬만해서는 칭찬을 듣지 못한다. 조건이 부여된 것이다. 이처럼 조건이 부여된 스트로크만 얻으면 의욕을 잃기 쉽다. 이때 아이가 공부를 게을리 해 다음에는 50점을 받았다고 가정해 보자. 어머니의 반응을 예상하기란 어렵지 않다.

"대체 어쩌려고 그래!"

이는 분명히 부정적인 스트로크다. 하지만 "1점만 더 받았으면 좋았을 텐데"라는 말보다 직접적인 느낌이 들어 아이의 마음에 강한 자극을 준다. 아이는 상처를 받으면서도 '관심을 받고 싶다'는 존재에 대한 허기는 조건적 스트로크를 얻을 때보다 훨씬 많이 충족된다.

혹시 눈치 챘는가? 게임도 이런 부정적인 스트로크의 일종이다. 칭찬을 받지 못하는 사람은 '날 차버려' 혹은 '내가 문제라고 말해'라는 게임을 통해 상대에게서 비방이라는 스트로크를 끌어낸다. '내가 안 하면 누가 해' 게임을 하는 사람 역시 일을 하지 않으면 스트로크를 받지 못한다고 믿기 때문에 자학적으로 행동하는 습관이 생긴 것이다. 바로 이런 심리적 기제가 불쾌한 기분이 들어도 게임을 반복하는 이유 중 하나다.

설령 나쁜 습관이라고 해도 마음의 허기가 채워진다면 좀처럼 버리지 못한다. 몸에 나쁘다는 것을 알고도 담배를 피우거나 술을 마시는 것과 비슷한 양상이다. 게임과 같은 불쾌한 커뮤니케이션이라도 '없는 것보다는 낫다'는 뜻이다. 하지만 사람은 이런 스트로크만으로 살 수 없다. 긍정적이고 무조건적 스트로크를 추구하기 마련이다.

"착하네."

"귀엽구나."

"넌 멋져."

"언제까지나 친구로 지내자."

"우리 힘내자."

이처럼 아무 조건 없이 자신을 인정하는 메시지를 상대에게 충분히 받는다면 마음은 허기를 느끼지 않고 안정을 찾는다. 긍정적이고 무조건적 스트로크는 곧 깨끗한 공기이자 맑은 물이요, 맛있는 음식이다.

주요 스트로크를 유형별로 나누면 다음과 같다.

① 긍정적인 무조건적 스트로크

긍정적인 스트로크란 기분 좋은 자극을 주는 스트로크를 말한다. 플러스 스트로크, 양성 스트로크라고도 한다. 긍정적인 무조건적 스트로크는 대가 없이 자극이 주어져 본래 의미에 맞는 마음의 양식이 되는 것이다. 받는 사람은 기분이 좋아지고 주는 사람 역시 마음이 훈훈해진다. 이 스트로크를 주고받을 때 커뮤니케이션이 가장 순조롭게 이루어진다.

예 / 진심으로 상대를 존경하거나 사랑한다.

부모가 무조건 아이를 포용한다.

② 긍정적인 조건적 스트로크

긍정적인 조건적 스트로크는 조건을 충족했을 때만 주어지는 긍정적인 스트로크를 가리킨다. 애정이나 보상으로 일정한 조건이 붙는다. 무조건적 스트로크와 달리 마음의 양식으로서 꼭 좋은 효과를 거둔다고 확신할 수는 없다. 조건을 충족해야 한다는 부담이 생겨 커뮤니케이션이 순조롭게 진행되지 않는 경우도 있기 때문이다.

예 / "얌전하게 있어서 기특하네."

"당신은 굉장히 잘 생겨서 좋아요."

③ 부정적인 무조건적 스트로크

부정적인 스트로크란 상대가 불쾌한 기분이 드는 마이너스 스트로크를 말한다. 받는 사람은 몸과 마음에 상처를 입고 주는 사람 역시 유쾌하지 않다.

예 / "이 바보야!"

"너 따윈 살아 있을 자격이 없어."

무시 / 학대 / 따돌림

④ 부정적인 조건적 스트로크
부정적인 조건적 스트로크는 조건이 전제가 되어 주어진 불쾌한 스트로크를 가리킨다. 긍정적인 조건적 스트로크와 마찬가지로 예의범절을 따지거나 가정교육 현장에서 주로 사용되지만 커뮤니케이션의 실패를 부르는 계기가 된다.
 예 / "울면 간식 안 줄 거야."
  "당신은 가난해서 싫어요."

교류분석에서는 스트로크를 '사람의 존재를 인정하기 위한 사회적 행위의 기본 단위'로 정의한다. 스트로크를 얻는 것이 바로 사람이 사람과 교류하기 위한 커뮤니케이션의 동기이자 목적인 것이다.

마음을
어루만지는 시간

우리 마음에 더욱 강한 스트로크(자극)를 주려면 어떻게 해야 할까? 이에 앞서 사람이 커뮤니케이션을 추구하기 위해서 어떻게 시간을 보내는지 생각해 볼 필요가 있다. 교류분석에서는 사람이 시간을 사용하는 방법을 다음과 같이 6가지로 분류한다.

① 폐쇄(은둔형 외톨이) Withdrawal

② 의식(집단 참가) Ritual

③ 잡담(소일, 심심풀이) Pastime

④ 활동 Activity

⑤ 게임 Game

⑥ 친교(친밀) Intimacy

이 분류를 통해 하루를 보내는 방법을 구성할 수 있다. 예컨대 샐러리맨 L의 하루를 살펴보자.

L은 아침에 이런저런 생각에 잠겨 화장실에 틀어박혀 있다가 아내에게 혼이 난다. 출근 후 바로 회의에 참가한다. 일하다가 점심시간이 되면 동료와 함께 근처 카페에서 근무시간이 되기 전까지 버틴다. 회사에 돌아와서 다시 외출한다. 학교 선배인 거래처 담당자를 만났지만 서로 마음이 맞지 않아 기분이 별로다. 업무에 관한 이야기는 간단히 끝났지만 짜증 나는 말만 해 늘 그렇듯 기분이 상한다. 시간이 늦어 회사에는 들르지 않고 그대로 귀가한다. 갓 태어난 아들을 돌보면서 가족과 함께 단란한 시간을 보낸다.

L의 하루 중 아침에 이런저런 생각에 잠기는 것은 앞서 소개한 분류로 말하면 ①의 '폐쇄'에 해당된다. 폐쇄는 커뮤니케이션을 나눌 상대가 없는 상태, 즉 외톨이 상태를 가리킨다. 다른 사람에게서 스트로크를 받을 수 없어 마음의 양식이 필요할 때는 스스로 자신의 마음에 스트로크를 준다.

다음으로 아내나 동료와 인사를 하거나 회의에 참가한 것은 ②의 '의식'이다. 의식은 필수적인 스트로크 교환이 가능한 시간이다. "안녕하세요" "다녀오세요" "잘 먹겠습니다" "수고하셨습니다"와 같은 정형화된 문구가 자주 사용된다.

인사를 나눈 다음 "어제 야구 봤어? 홈런 대단했어"라고 말했다면 이는 ③의 '잡담'에 해당한다. 문자 그대로 쓸데없는 대화를 나누는 방법으로 날씨나 뉴스, 가사, 육아, 패션, 스포츠 등이 화젯거리가 된다. 직장에서 업무 이외의 대화, 접대나 파티에서의 대화, 전철이나 택시 안에서의 대화를 비롯하여 일상생활에서는 이 잡담의 시간이 제법 많다. L의 경우 점심 때 동료와 카페에서 보내는 시간이 잡담의 시간에 해당한다.

일하는 시간은 ④의 '활동'에 해당한다. 공부에 전념하는 시간, 가사나 육아를 책임지는 시간, 봉사 활동을 통해 사회에 참여하는 시간 등이 여기에 포함된다. 창조적이고 건설적인 목표가 있는 시간 사용법이다.

L은 회사에 다니는 시간을 대부분 활동, 잡담, 혹은 의식으로 보낸다. 더불어 마음이 맞지 않는 사람과 대화하고 기분이 상하는 시간도 있다. 이것이 바로 ⑤의 '게임'이다. 게임은 비생산적인 커뮤니케이션이기는 하지만 우리 삶에서 시간을 보내는 방법의 한 형태다.

마지막으로 집에 돌아와 가족과 함께 단란한 한때를 보내는 것이 ⑥의 '친교'다. 마음이 맞는 친구나 연인, 가족끼리 함께하는 따스한 교류가 이루어지는 시간이다.

마음을 어루만지는 시간 보내기

인간에게 필요한 마음의 양식을 얻기 위해서는 친교와 활동의 시간을 많이 갖는 것이 이상적이다. 친교의 시간에 주어지는 자극은 대부분 '긍정적인 무조건적 스트로크'다. 이 시간 동안 마음은 허기를 느끼지 않고 안정된다.

활동은 자신이 얻는 마음의 양식을 수치로 나타낼 수 있는 가장 쉬운 방법이다. 일이나 공부에 전념하여 이 시간을 보내면 만족감과 성취감뿐 아니라, 주위에서 칭찬과 존경이라는 형태로 스트로크를 얻을 수 있다. 여기다 금전과 승진, 출세가 뒤따르는 등 물질적인 보수 역시 마음을 채워줄 것이다. 다시 말해 조건적 스트로크의 형태로 자극을 얻는 것이다. 하지만 조건만 갖추면 비교적 확실히 스트로크를 얻을 수 있는 만큼 함정에 빠지기도 쉽다. 예를 들면 다음과 같다.

① 대학 입시에만 매달려오다 원하는 대학교에 붙자마자 인생의 목표를 상실한 대학생
② 일만 하느라 별다른 취미를 가지지 못해 정년퇴직 후 할 일이 없어 우울

증에 걸린 아버지

③ 육아에만 전념하다보니 아이가 커버린 후 할 수 있는 일이나 하고 싶은 일을 찾지 못하는 주부

이들은 스트로크, 즉 '마음의 양식'을 얻는 시간을 대부분 활동에만 의존해 그 이외 시간으로는 마음의 양식을 얻을 수 없게 된 것이다. 하지만 활동으로 얻는 마음의 양식만으로는 행복해질 수 없다.

《크리스마스 캐럴》이라는 동화를 떠올려 보라. 이 이야기의 주인공 스크루지 영감처럼 열심히 일해서 부자가 되어도 친교의 시간을 함께 보낼 상대가 없으면 언젠가 마음의 양식이 부족해지고 만다. 그렇다면 친교의 시간이야말로 나무랄 데 없는 최고의 '마음 영양제'라 할 수 있을까? 여기에도 어느 정도 함정이 도사리고 있다.

관계가 친밀해지면 친밀해질수록 커뮤니케이션이 어려워지는 경우도 있기 때문이다. 무심코 본심을 털어놓아 상처를 주고받거나 싸움을 벌이는 상황은 친교의 시간 안에서 일어나는 경우가 많다.

상처받기 두려워 친교의 시간을 일부러 피하는 사람도 있다. 그러면 친교만이 아니라 의식이나 잡담의 시간 역시 줄어든다. 의

식과 잡담은 친교나 활동에 이르기 위한 준비 단계이기 때문이다. 다시 말해 친교의 시간을 피하면 의식이나 잡담, 활동의 시간이 줄고 상대적으로 폐쇄의 시간만 늘어나는 것이다. 은둔형 외톨이가 바로 이 상태다.

게임이라는
강한 자극

이제부터 문제의 '게임'에 대해 알아보자. 게임의 가장 큰 특징은 주고받는 자극이 '부정적인 스트로크'라는 점이다. 게임의 결말에 항상 불쾌한 감정이 따르는 이유는 그 때문이다. 그런데 커뮤니케이션의 깊이로 말하자면 게임은 활동이나 친교에 필적할 정도로 시간을 보내는 충실한 방법이다.

[그림 3-1]을 보면 알 수 있듯 활동, 게임, 친교의 시간은 다른 세 방법에 비해 훨씬 강한 자극을 준다. 사람은 조금이라도 밀접하게 커뮤니케이션이 이루어지는 시간을 보내려는 욕구가 있다. 때문에 활동이나 친교 시간을 충분히 보낼 수 없거나(직업이나 가족이 없는 경우), 그 시간만으로는 자신이 바라는 자극을 충분히 얻을 수 없다면(급여가 너무 적거나 가족이 차갑게 구는 경우) '게임'

을 하게 된다. 이것이 불쾌한 감정을 느끼면서도 게임을 반복하는 또 하나의 이유다.

어떻게 시간을 보내는가

이쯤에서 각자 자신들이 어떻게 시간을 보내는지 하루를 되돌아보자. 업무나 가사, 육아, 공부 등 각자 해야 하는 일에 쫓겨 평소에는 어떻게 시간을 보내는지 생각하기 쉽지 않다. 하지만 이는 매우 중요한 문제다. 거창하게 말하면 인생은 결국 시간을 보내는 방법의 축적이기 때문이다.

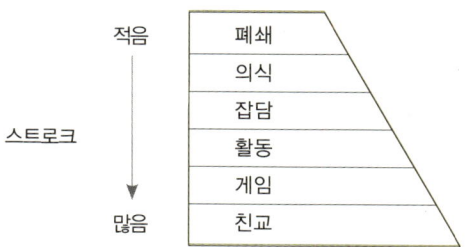

[그림 3-1] '시간 구조화' 안에서 게임의 위치. 활동, 게임, 친교의 시간은 다른 세 가지 방법에 비해 자극(스트로크)이 훨씬 강하다.

무엇보다 인간 개개인에게 주어진 시간에는 한도가 있다. 가령 80세까지 산다고 해도 3만 일에 미치지 못한다. 70만 시간이 약간 넘는 정도다. 수치로 환산하면 의외로 짧다. 왠지 1분 1초가 귀중하게 느껴지지 않는가.

21세기 들어 세상은 어지러울 정도로 빠르게 움직이고 있지만 50년 전에도 500년 전에도 5,000년 전에도 지금처럼 시간이 흘렀다. 그 안에서 제한된 시간을 보내고 있는 모든 인간에게 매 순간이 오직 한 번뿐이다. 그런데도 우리는 시간이 나면 문득 이런 말을 중얼거리곤 한다.

"어떻게 시간을 때울까?"

그저 때우며 보내기에는 고작 70만 시간뿐인 인생이 너무 아깝지 않은가! 가능하면 더 풍성하고 만족하면서 시간을 보내고 싶지 않은가?

사람들은 마음에 도움이 되는 커뮤니케이션이 이루어지는 시간을 원한다. 그렇다고 무조건 그런 시간이 길면 좋다는 뜻은 아니다. 게임의 시간은 최대한 줄이는 게 좋지만 활동이나 친교의 시간에 지나치게 의존하는 것도 좋지 않다. 또한 의식, 잡담 등 가벼운 커뮤니케이션을 취하는 시간 역시 많은 사람과 사귀기 위해서는 빼놓을 수 없다. 폐쇄의 시간도 필요하다. 때로는 혼자가 되어 커뮤니케이션의 긴장에서 마음을 해방시키는 일은 마음의 안정을 위해서는 필요하다.

　결국 균형이다. 커뮤니케이션은 마음의 양식이므로 음식과 마찬가지로 가급적 다양한 종류를 골고루 섭취할 필요가 있다.

마음이
불편한 시간

사람이 각자 시간을 보내는 방법을 계획하는 과정을 교류분석 용어로 '시간 구조화'라고 한다. 시간 구조화는 인간이 가지고 있는 기본적인 욕구 중 하나다. 폐쇄, 의식, 잡담, 활동, 게임, 친교라는 6가지 시간 중 어디에도 해당하지 않는 상황에 놓였을 때 사람은 불편함을 느끼고, 지금 자신이 어떻게 시간을 보내고 있는지 확인하고 싶어 한다.

아무런 설명도, 어떤 지시도 받지 못한 5명의 사람이 한 방에 갇혔다고 생각해 보라. 누구나 불안과 긴장을 느낄 것이다. 서로 처음 만나는 사이라면 더욱 그렇지만 이미 아는 사이라고 해도 '우리가 뭐 때문에 여기 있는 거지?'라고 의문을 품는 게 당연하다. 이때 누군가가 "진짜 황당하네요"라는 말이라도 내뱉으면 모두 수긍한다. 그 시점에서 의식이라는 시간 구조화가 일어나기 때문이다. 또 다른 누군가가 "우린 왜 여기 있는 걸까요?"라고 호응하면 잡담의 시간으로 이어지고, "이러고 있지 말고 뭐든지 해보죠"라고 반응하면 활동의 시간이 된다. 그렇게 해서 시간을 보내는 방법이 명확해지면 마음은 점차 안정을 찾아간다. 하지만 앞서 설명했듯 시간을 보내는 방법에도 적당한 균형이 필요하다. 시간 구조화가 적절하지 않으면 자칫 스트레스가 되어 때로는 몸의 병으로 이어지기도 한다.

나를 숨 막히게 하는 '활동'

스트레스로 병에 걸린 환자 중에 이런 사람이 있었다. 40대 남성 M이다.

M은 어느 날 목욕을 하다가 갑자기 숨이 막히고 손발이 저려 구급차에 실려 병원에 갔다. 심장이나 폐에는 이상이 발견되지 않아 '과호흡 증후군(발작적으로 호흡이 가빠 필요 이상으로 많은 산소를 빨아들여, 숨이 막히고 손발이 저리며 현기증이 나는 증상. 때로 실신하기도 한다 - 옮긴이)'이라는 진단을 받고 발작을 억제하는 약을 먹었다. 발작은 일시적으로 진정되었지만 시간이 지나자 다시 시작됐다. 코가 막혔을지도 모른다는 소리를 듣고 이비인후과

에서도 진찰을 받았지만 역시 이상은 발견되지 않았다. 그제야 M은 자신이 스트레스로 병에 걸렸다는 사실을 깨달았다. 그렇게 M은 나를 찾았다.

심료내과에서 다양한 심리 테스트와 상담을 실시했을 때 내 주의를 강하게 끈 것은 M이 시간을 보내는 방법이었다. 그의 하루 스케줄을 살펴보니 무려 활동 시간이 70퍼센트 이상이었다. 의식의 시간이 매우 적었고, 나머지는 조용히 신문을 읽거나 텔레비전을 보는 폐쇄의 시간이었다.

컴퓨터 프로그래머였던 M은 자택에서 일하는 프리랜서라 누구를 만날 기회는 거의 없었다. 일반적으로 직장인들은 주위 동료들과 잡담을 나누기도 하지만 M에게는 그럴 사람이 없었던 것

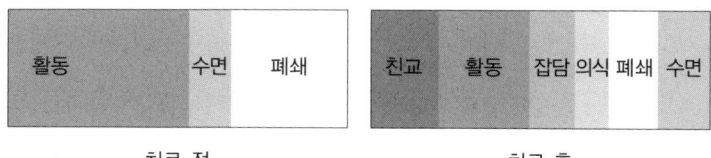

[그림 3-2] M이 주로 시간을 보내는 방법

이다. 가족과 함께하는 동안에도 간단한 인사나 필요사항 전달에 그치는 의식과 같은 교류가 전부였다.

그래서 나는 하루 최소 30분씩이라도 아이와 놀이를 즐기고 아내와 잡담을 나누라고 권했다. 처음에 M은 "그런 건 잘 못하겠어요"라고 말했지만 교류분석에 대해 이해한 후 내 조언을 따르고자 노력했다. 그렇게 M의 하루는 조금씩 잡담과 친교의 시간이 늘어났다. "아이와 노니까 의외로 재미있다"던 그는 특히 친교를 즐겼다. 친구에게 연락이 오면 약속을 거절했던 이전과 달리 적극적으로 만나려고 노력했다. 그러자 발작 횟수가 점차 줄어들었다. 반년 후 M 스스로 "이제 괜찮습니다"라며 자신감을 가질 정도로 시간을 보내는 방법에서 훌륭하게 균형을 잡았다.

이런 식으로 병에 걸리고 낫는지 반신반의하는 사람도 있지만 이는 과장된 드라마가 아닌 엄연한 현실이다. 내가 맡은 환자들의 현실이기 때문이다. 이들 중에는 실컷 놀아야 하는 시기에 학원이나 과외로 시간을 보내다 건강을 해친 아이, 가사를 돕는다는 핑계로 집에서 빈둥거리느라 심신의 균형이 무너지고 과식증에 걸린 여성도 있었다. 이처럼 시간 구조화가 제대로 되지 않으면 마음이 영양실조를 겪고 결국 몸에도 악영향을 미친다.

"내가 옳다"는 착각

사람은 커뮤니케이션을 통해 자신과 타인에 대한 일정한 평가를 내린 후 교제를 한다. 'OK다' 'OK가 아니다'라고 표현하는 그런 평가를 '인간관계의 인생 태도'라고 한다. 이에 관해서는 1장에서 이미 설명했지만 다시 한번 간단히 복습해보자. 인생 태도에는 다음 네 가지 유형이 있었다.

① 나는 OK다, 당신도 OK다
② 나는 OK다, 당신은 OK가 아니다
③ 나는 OK가 아니다, 당신은 OK다
④ 나는 OK가 아니다, 당신도 OK가 아니다

이러한 기본적인 사고방식을 인생 태도 혹은 생활 자세라고 부르는 이유는 OK인지 아닌지가 그 사람의 인생과 생활 전반에 관련되는 문제이기 때문이다.

사람은 누구나 네 가지 중 어느 하나의 인생 태도를 가지고 있다. 그 태도는 어린 시절에 스스로 '채용'한다고 알려져 있다. 하지만 이는 의식적으로 결정되는 것은 아니다. 어느 날 갑자기 '당신은 OK가 아니다'라는 식의 유형을 채용하자고 해도 마음먹은 대로 되지 않는다. 어느 정도 경험을 쌓았을 때 먼저 자신이나 주위에 대한 평가를 내리고, 그 평가가 점차 세간에 대한 평가로 확대되는 과정에서 태도가 확립되는 것이다.

예를 들어 부모에게 사랑받으며 자란 아이는 자신이 'OK인 존재'라고 느끼는 동시에 부모 역시 'OK인 존재'라고 생각할 것이다. 그런 평가가 그대로 '나는 OK, 당신도 OK'라는 태도로 정착되기도 한다. 혹은 부모 이외의 사람과 접했을 때 좋지 않은 체험 때문에 '자신과 부모는 OK지만 다른 사람은 싫다'는 태도를 가지고 '나는 OK다, 당신은 OK가 아니다'라는 태도로 정착되는 경우도 있다.

"너 같은 앨 왜 낳았는지 모르겠어!"라는 소리를 듣고 자란 아이는 '나는 OK가 아니다'라는 태도를 채용할 가능성이 높다. 그 사람은 부모를 보고 '어른은 모두 잔인하다'라고 확대해석해 '당신은 OK가 아니다'라는 태도를 채용하거나, '다른 아이는 모두 사랑받는데 나만 사랑받지 못한다'고 느껴 '당신은 OK다, 나만 OK가 아니다'라는 태도를 채용할 수도 있다. 다시 말해 태도는 순수하게 체험으로만 결정되지 않는다는 것이다. 그 사람의 마음이 그 체험을 어떻게 수용하고 판단할지가 중요한 열쇠가 된다. 따라서 무조건 부모나 환경을 탓하면서 '내가 비뚤어진 이유는 부모가 그렇게 키웠기 때문이야'라고 생각하는 것은 잘못이다. '우리는 좋은 부모일까?' '우리 가족은 정말 사랑한 걸까?'라고 지나치게 고민할 필요도 없다. 세상에는 부모가 차갑게 대해도 상냥하게 자라는 아이가 있고, 부모가 따뜻하게 대해도 거칠게 자라는 아이가 있다.

물론 환경은 중요한 요소이고 가정교육은 아이의 미래에 중대한 영향을 미친다. 나는 성별을 바꾸는 트렌스젠더를 보면 "여자아이였다면 좋았을 텐데"라는 말을 듣고 자랐을지도 모른다고 생각하지만 이런 추측은 맞을 때도 있고 그렇지 않을 때도 있다. 부모가 어떤 메시지를 주는지에 크게 얽매일 필요는 없다. 결국 본인이 그 메시지를 어떻게 받아들이느냐의 문제다.

내가 옳았어!

사람은 자신의 인생 태도가 마음에 들지 않으면 노력해서 바꿀 수 있다. 어른의 마음 A를 작용시켜 이성적으로 궤도를 수정하는 것이다. 다만 이를 위해서는 상당한 노력이 필요하다. 단순히 태도를 바꾸려고 하면 이른바 '머리로만 알고 있는 상태'가 되는 경우가 많다. 보다 근본적인 인생 태도는 좀처럼 바꾸지 못한다. 어린 시절부터 쌓아온 마음의 고집은 생각보다 강력하다. 특히 사람은 평생에 걸쳐 자신이 채용한 태도가 바르다는 사실을 무의식적으로 증명하고 싶어 한다. 이것이 '인생 태도에 대한 욕구'다.

'나는 OK다, 당신도 OK다'라는 태도를 증명하는 데는 크게 문제될 게 없다. 자신과 타인을 인정하기 때문에 '긍정적인 무조건적 스트로크'를 주고받으면서 활동과 친교의 시간을 충실하게 보낼 수 있다.

하지만 'OK가 아니다'라는 태도를 가진다면 문제는 복잡해진다. '나는 OK가 아니다' 혹은 '당신은 OK가 아니다'라는 태도에 지나치게 빠지면 존재할 필요가 없다는 생각에 이른다. 이를 확실히 증명하려다 '차라리 죽어버리자' '저 사람을 없애버리자'와 같은 터무니없고 무시무시한 결론에 도달할지 모른다. 실제로 실행에 옮기는 사람은 적지만 그 생각만으로 우리 삶에 큰 장애가 된다.

　인간은 누구나 본능적으로 생명을 지키고 싶어 한다. 'OK가 아니다'라는 태도를 가진 사람도 마음속에는 생명을 지키려는 욕구가 있다. 그런 욕구를 채우기 위해서는 마음에도 영양, 즉 커뮤니케이션이 필요하다. 때문에 사람의 마음은 게임이라는 나름의 방법을 발견했는지도 모른다. 게임에서는 'OK가 아니다'라는 태도를 가진 사람이라도 표면적으로 아무렇지도 않게 커뮤니케이션을 나누면서 '나는 OK가 아니다, 당신도 OK가 아니다'라는 태도를 손쉽게 증명할 수 있다. 이것이 불쾌한 감정을 느끼면서도 게임을 반복하는 또 다른 이유 중 하나다.

　따라서 게임을 그만두기 위해서는 'OK가 아니다'라는 태도를 'OK다'라는 태도로 바꾸면 된다. 그러면 게임에 의지하지 않고도 자신의 태도를 증명할 수 있다. 여기에는 '재결정'이라는 작업이 필요하다.

　재결정이란 어린 시절에 채용하여 꾸준히 증명해온 자신의 태도를 '틀렸다'고 인정하고, 이상적인 태도를 의식적으로 채용하는 작업을 말한다. 이를 위해서는 우선 자신이 가진 커뮤니케이션의 욕구, 게임의 존재, 자신의 태도 등을 깨닫고, 그와 함께 이상적인 자신을 찾아야 한다. 그런 깨달음을 위해서는 정보가 필요하다.

　아이가 처음으로 소방차를 보았을 때 '아, 소방차다!'라고 알아차리는 이유는 그림책 등에서 소방차의 색깔이나 형태, 활동 등의 정보를 얻었기 때문이다. 인간관계의 나쁜 습관인 게임도 마찬가지다. 게임의 존재를 알지 못하면 자신도 모르는 사이에 게임에 휘말리거나 게임을 되풀이해 결국 다시 인간관계로 고민하는 자신을 발견할 것이다.

일곱 살에 완성되는
인생 계획

교류분석은 네 가지 방법(구조 분석, 교류 패턴 분석, 게임 분석, 각본 분석)으로 구성되는데, 최종 단계는 각본 분석이다. 교류분석에서 말하는 '각본'은 그 사람의 인생을 이끌어가는 시나리오다. 교류분석의 창안자인 에릭 번은 다음과 같이 각본을 정의했다.

"각본이란 어린 시절에 작성되어 부모의 영향을 토대로 발달하고 현재도 계속해서 진행되는 프로그램으로, 인생의 가장 중요한 국면에서 어떻게 행동해야 할지 지도한다."

즉 각본은 '무의식 안에 세운 인생계획'이라는 뜻이다. 에릭 번에 따르면 사람의 각본은 4세까지 핵심이 결정되고 7세까지는 그 스토리가 대강 완성된다고 한다. 물론 어른이 되면 이때 쓴 각본은 기억에서 거의 사라진다. 하지만 그 각본은 우리 삶 전체에 큰 영향력을 발휘한다.

교류분석이 여타의 심리학과 다른 부분은 어린 시절의 경험이 단순히 세상을 보는 가치관의 획득만이 아니라, 아이가 자신의 경험을 토대로 구체적인 인생 계획을 수립하는 데까지 영향을 미친다는 것이다.

어린 아이가 인생 계획을 수립한다는 주장이 의아하게 생각될 수 있다. 하지만 아이들은 자신의 경험으로 삶의 드라마를 완성한다. 이때 부모의 역할로 이 드라마는 강화된다. 부모가 어떤 메시지를 던지느냐에 따라 아이들의 각본은 달라진다. 이 메시지는 언어적일 수도 있고 비언어적일 수도 있다. 아이들은 이런 메시지를 사고가 아닌 감정으로 해석해 자신의 각본에 반영한다. 아이들은 현실의 영향력을 받아들이는 과정에서 무의식적으로 이 인생 계획에 따라 움직인다.

번이 예로 든 사례를 보자. 한 어머니는 두 아들에게 "너희는 정신병원에서 살게 될 거야"라고 말했다. 두 아들 중 한 아들은 정신병원에 입원했고, 나머지 아들은 정신과 의사가 됐다.

그렇다면 어른이 된 후에도 어린 시절 각본을 따르는 이유는 무엇일까? 이는 어린 시절의 자아상태를 성장한 후에도 답습하기 때문이다. 각본을 강화시키는 것이다. 특히 스트레스가 심하면 각본에 따를 가능성이 높다.

교류분석 심리학자인 스탠 울람스Stan Wollams는 스트레스 수치를 1부터 10으로 나누었을 때, 3정도면 현실에 맞는 A 자아상태에서 판단하고 사고하지만, 6정도가 되면 자신도 의식하지 못하는 상황에서 각본에 빠져들 수 있다고 주장했다. 이때 상황이란 아동기 시절 스트레스를 받았던 것과 비슷한 상황을 말한다.

스트레스뿐 아니라 아동기의 고통과 비슷한 장면이 연출되면 각본을 따를 수도 있다. 예컨대 어린 시절 소외받았던 기억을 '슬픈 죽음(아이들은 소외 혹은 배척을 죽음과 동일시한다)'으로 받아들였다면 어른이 된 후에도 비슷한 상황에서는 '죽음(소외)'으로 결론을 내리기 쉽다. 에릭 번은 '예더'라는 인물을 내세워 어른이 된 후에도 각본을 따르는 상황을 절묘하게 비유했다.

"예더는 자신의 각본을 충실하게 이행한다. 그 각본은 어린 시절 부모가 그에게 주입했고, 부모가 죽은 후에도 그의 일생동안 남아 있었다. …… 피아노가 저절로 연주되는 동안 피아노 앞에 앉은 예더는 편안한 발라드나 장중한 콘체르토를 치는 사람이 자신이라는 환상을 가지고 건반 위에서 손가락을 움직인다."

각본의 고무줄을 끊어라

어른들이 각본을 따르는 다른 이유는 편하기 때문이다. 또 각본을 외면했다 겪게 될 미래의 어떤 상황이 두렵기 때문이다. 결국 각본을 따른다는 것은 C 자아상태에서 속마음을 감추고 게임을 하는 것과 마찬가지다. 게임을 하는 사람의 각본에는 '마음이 허기를 느끼면 게임을 하자. 그러면 스트로크를 얻을 수 있고, 자신의 태도를 증명할 수 있다'는 생각이 새겨져 있다. 사람은 그 각본에 얽매여 불쾌한 감정을 느끼면서까지 게임을 되풀이하거나 몇 번이고 비슷한 문제에 휘말리는 것이다.

이안 스튜어트는 "교류분석이 추구하는 목표 중 하나가 고무줄을 끊는 것"이라고 말했다. 즉, 고무줄처럼 제멋대로 늘일 수 있는 어린 시절의 각본을 끊어내자는 뜻이다. 문제의 원인을 깨닫고 고친다는 것은 바로 이 각본의 내용을 수정하고 표지를 교환하고 새로운 구호를 새겨 넣는 것이다.

"저만 미워하는 건 아니죠?"

"방해하지 말고 다른 사람한테 물어봐요."

"나이가 몇인데 저런 옷을 입어!"

"더 좋은 생각은 없는 거야?"

4

대화로 꿰뚫어 보는 커뮤니케이션의 함정

꼬이는 말
어긋나는 마음

오! 아무렇게나 쏜 저 많은 화살들, 목표에 맞는 게 하나 없구나.
아무렇게나 내뱉어진 저 많은 말들,
이미 깨어진 마음을 달랠 수도, 상처를 줄 수도 있구나.

- 영국 시인·역사가 월터 스콧

커뮤니케이션을 취하는 데는 다양한 수단이 있다. 이 중에는 신체 접촉이나 눈 맞추기(eye contact) 같은 멋진 방법도 있지만 가장 기본적인 수단은 아무래도 대화다. 인사나 잡담, 업무를 진행하기 위해서는 언어를 이용한 커뮤니케이션을 빼놓을 수 없다. 아무리 친한 사이라도 말을 통해 마음을 주고받는 것이 중요하다. 영화나 드라마에서도 종종 "좋아한다면 좋아한다고 왜 말을 못해! 그러지 않으면 네 맘을 어떻게 알아!"라는 대사가 등장할 때가 있다. 우리는 대화를 통해 마음이 오간다는 것을 기억할 필요가 있다.

게임도 그렇다. 우리는 "음, 근데……"라는 말 자체가 아니라 그 이면에 있는 마음에 대해 싫은 감정 혹은 불쾌한 감정을 느낀다.

상대가 "안녕하세요"라고 밝게 인사하면 기분이 좋지만 "거기!" "야!"라고 불러 세우면 발끈한다. 이는 우리가 단순히 말의 사전적 의미만을 주고받지 않는다는 증거다.

이제 P, A, C를 사용하여 마음의 왕래, 즉 대화를 살펴보자. 이를 위해선 우리 말이 P, A, C 가운데 어디서 나오는지 알아야 한다. 이어 그 말이 어디로 향하고 있는지도 살펴야 한다.

대화는 마음의 왕래이기 때문에 다른 사람에게 뭔가를 말할 때는 당연히 자신의 마음을 받아들여 주기 바란다. 즉 편지나 문자처럼 말에도 수신지가 있다. 상대 또한 P, A, C의 세 가지 마음 상태가 있으므로 수신지는 그 중 하나다.

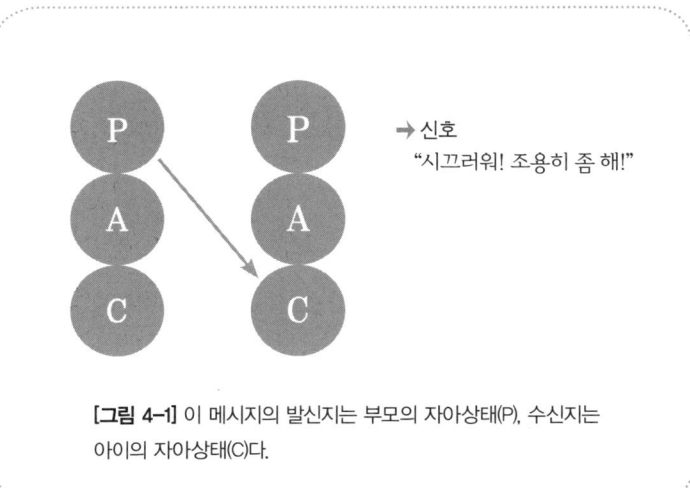

[그림 4-1] 이 메시지의 발신지는 부모의 자아상태(P), 수신지는 아이의 자아상태(C)다.

예를 들어 가족끼리 텔레비전을 보고 있을 때 주가 폭락이라든가 기업 파산과 같이 가장의 일에 영향을 줄 만한 중대한 뉴스가 나왔다고 하자. 그런데도 아내나 아이는 관심을 보이지 않고 재잘재잘 수다만 떨고 있다. 이때 남편이 말한다.

"시끄러워! 조용히 좀 해!"

명령조로 하는 이런 말의 발신지는 부모의 마음 P다. 남편은 이 명령을 가족의 어느 마음에 전하고 싶은 걸까? 남편은 가족이 "죄송해요"라고 사과한다든가, 그렇지 않더라도 거역하지 않고 즉시 조용히 하기를 기대했던 것이다. 부모의 마음 P에서 상대가 가진 아이의 마음 C로 전하고 싶을 것이다.

이런 상황을 표현하면 [그림 4-1]과 같다. 이 그림을 통해서 대화에 사용하는 말의 발신지(신호)와 수신지(반응)를 눈으로 파악할 수 있다. 이렇게 발신지와 수신지를 화살표로 나타낸 것이 메시지다. 이를 정리하면 대화에는 크게 세 가지 패턴이 있음을 알 수 있다. 이 패턴을 이용하여 그 사람이 인간관계를 유지하는 방식을 살펴보는 방법이 교류분석의 네 기둥 중 하나인 '교류 패턴 분석'이다. 이 장에서는 교류 패턴 분석을 살펴볼 것이다.

메시지가 제대로
전달되는 대화

일상에서 우리는 이야기가 술술 풀려 즐거울 때가 있고, 그렇지 않아 답답하거나 거북할 때가 있다. 여기에는 어떤 차이가 있을까? 우선 즐거운 대화란 어떤 것인지 생각해보자.

일이 끝나서 당신이 동료에게 이렇게 말했다.
"퇴근하고 한 잔 하자."
상대가 "오, 좋은데! 가자, 가자"라고 응답하면 기분이 좋다.
"좋아? 그럼 어디로 갈까?"
"더우니까 시원한 맥주 어때?"
이런 식이면 대화는 순조롭게 진행된다[그림 4-2].
"한 잔 하자"는 놀이의 권유이므로 발신지는 아이의 마음 C이고, 수신지 역시 아이의 마음 C로 반응했다. 상대의 응답인 "오,

좋은데!"도 마찬가지로 C → C의 메시지다. 이는 먼저 제안한 사람의 기대에 맞는 응답이다. 아이의 자아상태에서 전하고 싶어 C가 발신지이고, 이 기대가 이루어져서 상대의 C에서 응답이 돌아왔다. 순조로운 대화가 이어진 것이다.

C ↔ C처럼 같은 마음(자아상태)이 아니더라도 이 패턴은 성립된다. [그림 4-3]에서는 아이의 마음 C에서 부모의 마음 P로 보낸 메시지에 대한 응답이 P에서 C로 돌아왔다. 아이의 기대에 맞는 응답이 아빠에게서 돌아온 것이다.

이렇듯 메시지가 수신지로 정확히 전해지고(말을 건 사람이 기대하고 있는 마음 상태로 받아들이고), 상대에게서 기대한 응답이 돌아오는(말을 건 사람이 사용하고 있는 마음의 상태로 응답이 돌아오는) 교류 패턴을 '상보 교류(complementary transaction)'라고 한다. 한마디로 기대했던 자아상태에서 반응이 오는 것이다. 기대대로 응답이 돌아오면 기분이 좋다. 따라서 상보 교류는 대화에 활기를 준다.

참고로 교류 패턴에서는 이야기의 내용은 문제 삼지 않는다. 예를 들어 [그림 4-4]의 대화는 비판이나 험담의 부류에 들어가기 때문에 이 대화를 주위에서 듣는다면 불쾌할 수도 있다. 하지만 당사자들은 기분 좋게 대화를 나눈다. 상보 교류인 것이다.

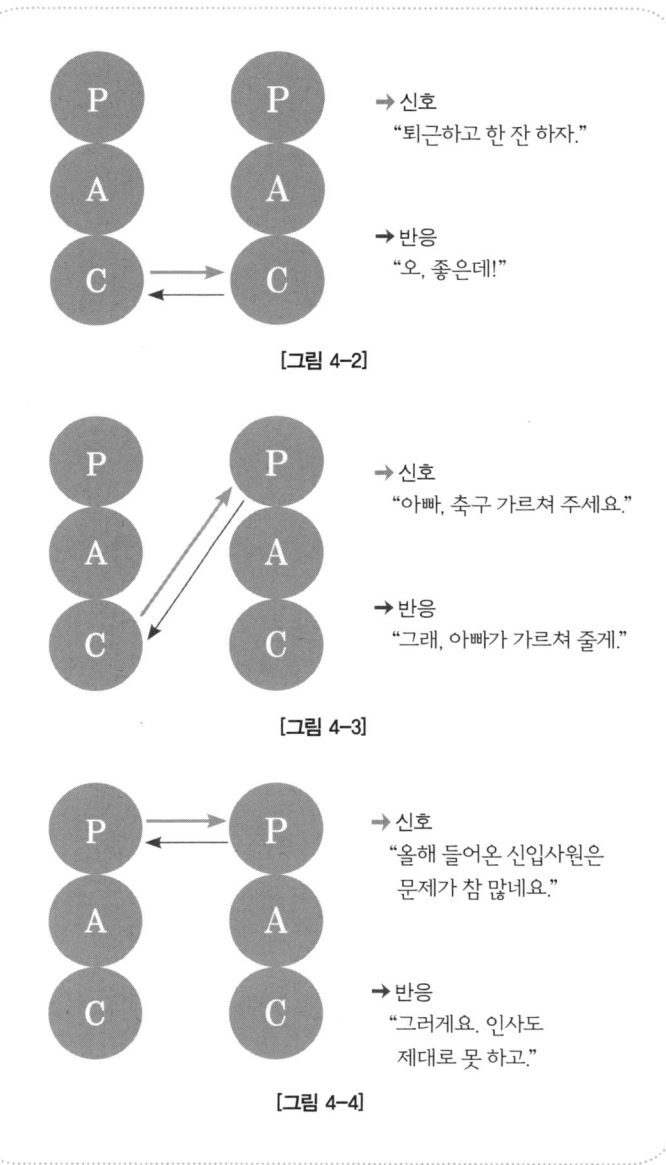

메시지가
어긋나는 대화

혹시 기대에 맞는 응답이 돌아오지 않는다면 어떻게 될까?

누군가 "오늘은 비가 내릴까요?"라고 묻고 상대가 "오늘 비올 확률이 10퍼센트라네요"라고 대답했다면 이 대화는 상보 교류다. 어른의 마음 A에서 상대의 A에 전해져 기대에 맞는 A → A로 대화가 이루어졌다(날씨에 대한 정보를 주고받고 있으므로 A끼리의 대화라고 할 수 있다)[그림 4-5].

때로 이렇게 진행되는 대화도 있다.

"지금 몇 시죠?"

"아, 시끄럽네. 신문 읽을 땐 좀 조용히 해!"

말을 건 사람은 당연히 기분이 상할 수밖에 없다. 이 경우 말을 걸 때의 수신지는 A이지만 상대의 A는 이를 받아주지 않았다. 상대는 P를 작동시켜 말을 건 사람의 C로 메시지를 돌려준 것이다. 이 대화를 그림으로 만들면 [그림 4-6]과 같다. 그림을 보면 화살표가 교차한다. 이 패턴을 '교차 교류(crossed transaction)'라고 한다. 교차 교류는 상대에게서 예상치 못한 메시지가 돌아온다는 특징이 있다.

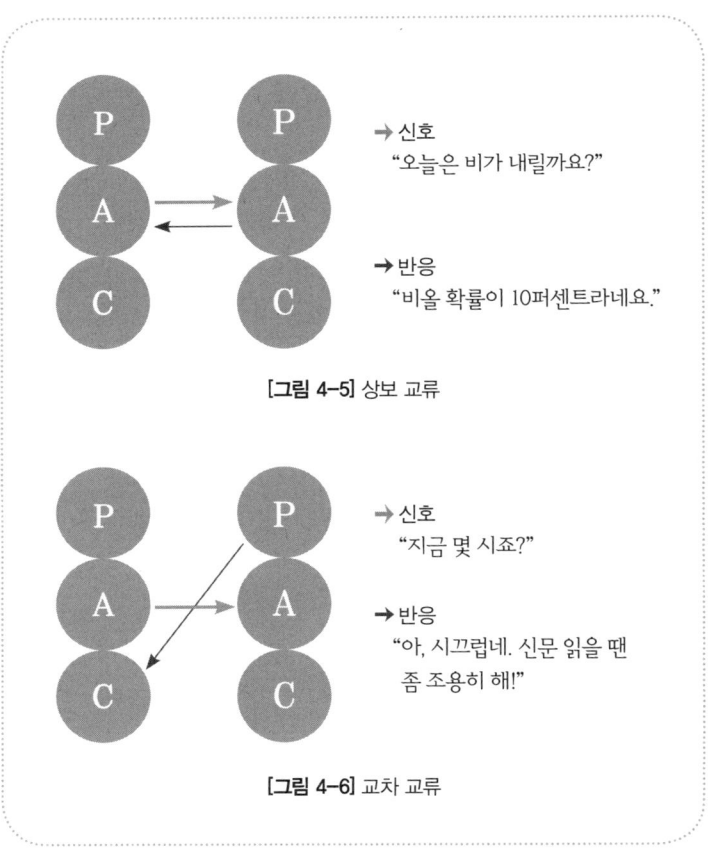

[그림 4-5] 상보 교류

[그림 4-6] 교차 교류

생각지도 못한 곳에서 발신된 메시지가 준비되지 않은 마음에 닿으면 상대는 놀란다. 때로는 속상할 수도 있다. 거북하거나 불쾌한 감정의 정체다. 또한 [그림 4-7]과 같이 메시지의 화살표가 직접 교차하지 않더라도 상대가 기대한 응답을 해주지 않는(수신지가 아닌 곳에서 메시지가 돌아오는) 대화 역시 교차 교류다.

메시지가 직접 교차하는 대화에 비하면 정도는 약하지만 기대

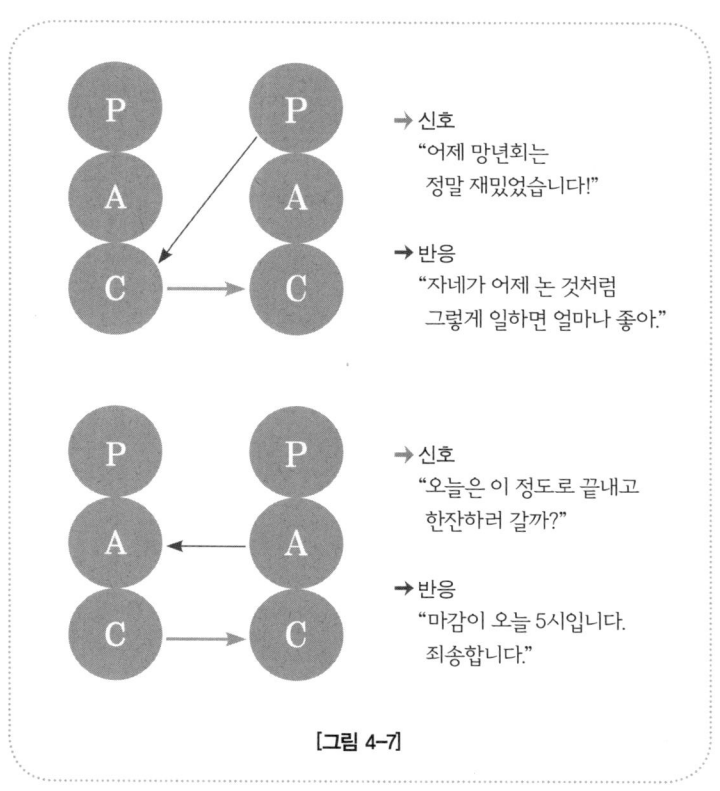

[그림 4-7]

에 맞는 응답은 돌아오지 않는다. 당연히 거북하거나 불쾌한 감정을 느끼게 된다. 싸움까지는 아니더라도 분위기가 험악하거나 어색해지기 십상이다. 빈정댄다는 기분이 들 수도 있다.

이처럼 교차 교류에서는 마음의 왕래가 순조롭게 진전되지 않아 거북하거나 불쾌한 감정이 생기고 대화가 끊어지기 일쑤다. 때로는 '계속 이어지는 교차 교류'도 있다. 싸움이 대표적이다.

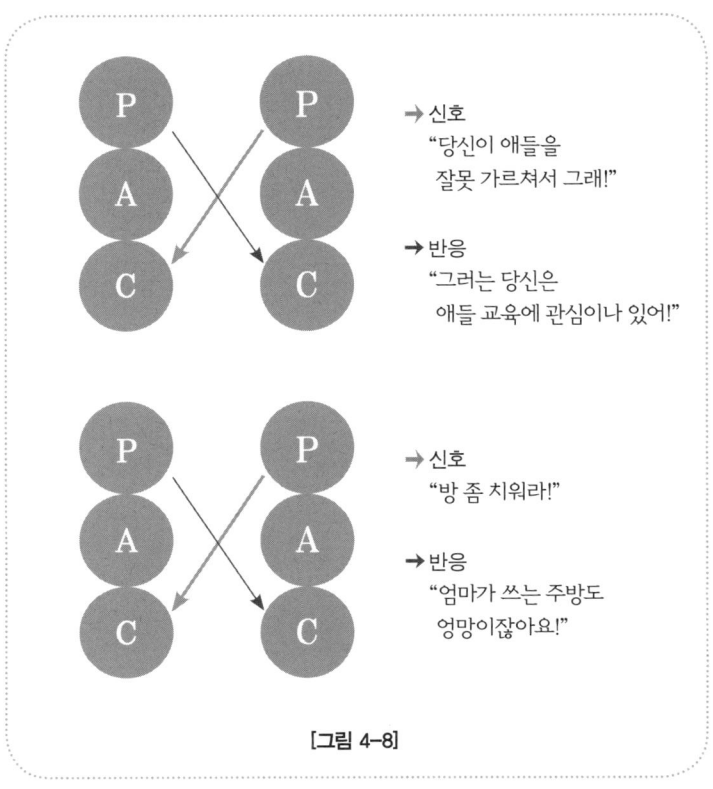

[그림 4-8]

[그림 4-8]처럼 P → C의 메시지를 주고받는 것이 대표적인 싸움의 패턴이다. 대화는 계속 되더라도 이는 그저 감정을 맞부딪치는 과정일 뿐, 진정한 의미에서 마음을 주고받는 교류가 아니다. 때문에 싸움은 결코 대화라고 할 수 없다.

말 속에 감춰진
삐딱한 속마음

앞서 본 것처럼 대화가 순조롭게 진행될 때는 상보 교류가 되고, 그렇지 않을 때는 교차 교류가 된다. 그런데 지금까지 살펴본 대화의 예는 직설적인 메시지뿐이었다. 실제 대화는 그렇게 직설적이지만은 않다. 일상에서 하는 대화는 속마음과 겉마음이 다른 경우가 부지기수다. 입에 발린 소리를 하거나 마음과 다른 말을 하면서 겉으로는 아무렇지 않은 척 대화를 계속한다. 실제로 이면에 진정한 메시지를 감추고 있는 대화가 많다. 예를 들어 [그림 4-9]와 같은 말은 종종 들을 수 있다.

직장 후배가 "그 넥타이는 이탈리아제네요, 잘 어울려요"라고 말했다고 하자. 이 말은 의례적인 인사로 어른의 마음을 사용한 A → A의 메시지다. 하지만 속으로는 '나이는 먹을 만큼 먹어서

저런 어린애 같은 넥타이나 하고 창피하지도 않나' '다들 비웃는 것도 모르네'라고 생각한다면 어떨까? 이는 상대를 깔보는 태도로 P ⋯▶ A를 향해 보내는 메시지다.

교류 패턴 분석에서 이런 속마음과 겉마음, 이면과 표면의 두 가지 메시지가 교환되는 대화 패턴을 '이면 교류(ulterior transaction)'라고 부른다. [그림 4-10]은 이면 교류 형태다. 상보 교류나 교차 교류와 달리 상대의 응답을 떠나 누군가가 발신한 메시지에 숨어 있는 메시지가 있다면 그 시점에 그 사람이 '이면 교류를 하고 있다'고 할 수 있다.

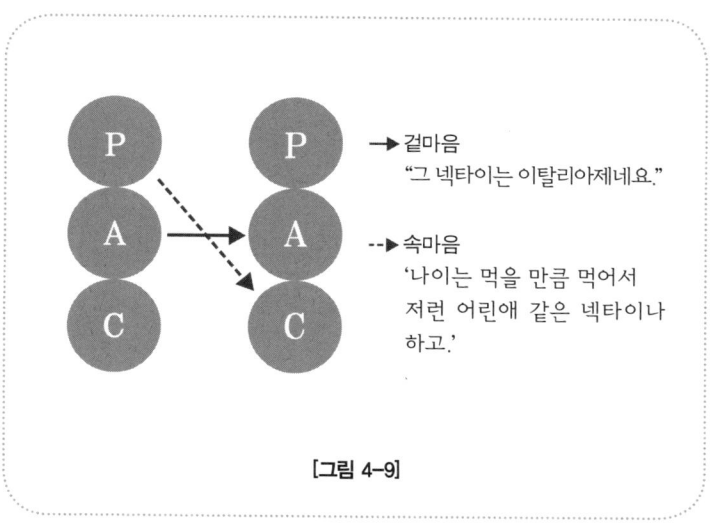

[그림 4-9]

이제부터 이면 교류를 통해 성립되는 대화를 살펴보자. [그림 4-11]은 겉으로는 평온하게 보이지만 뭔가 언짢은 부부의 대화다. 본심의 메시지가 교차 교류로 오고간다. 평범하게 대화하는 듯하면서 왠지 어색한 분위기가 흐르고 있을 때는 이런 식으로 이면에서 교차 교류를 하고 있는 경우가 많다.

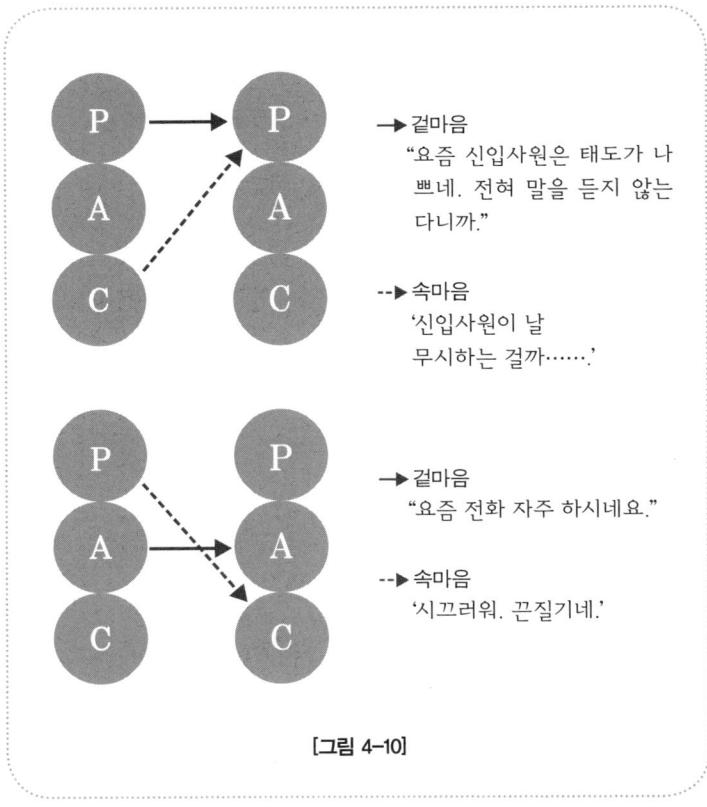

[그림 4-10]

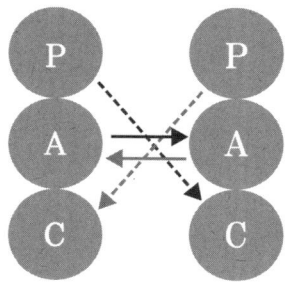

→ 겉마음 / 신호
"어젯밤엔 몇 시에 집에 왔어요?"
→ 겉마음 / 반응
"새벽 2시에 왔어."

--▶ 속마음 / 신호
'안색이 나쁘네.
또 술 마셨군. 지겨워.'
--▶ 속마음 / 반응
'얼굴 보면 알거 아냐.
말 많네 진짜.'

[그림 4-11]

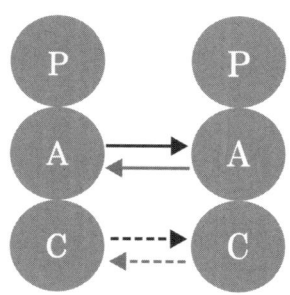

→ 겉마음 / 신호
"서류 잊지 말고 꼭 챙겨 와."
→ 겉마음 / 반응
"걱정 마. 너나 시간 맞춰 와."

--▶ 속마음 / 신호
'과장님 빼고 우리끼리 출장 가는 건
처음이네. 편하게 일할 수 있겠다.'
--▶ 속마음 / 반응
'후딱 일 끝내고 놀자.'

[그림 4-12]

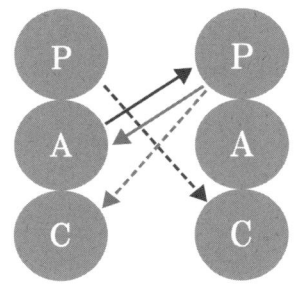

→ 겉마음 / 신호
"이 기획서 검토해주시겠습니까?"
→ 겉마음 / 반응
"읽어보겠네."

--▶ 속마음 / 신호
'당신한테 부탁해봤자 제대로 조언이나 할 수 있을까.'
--▶ 속마음 / 반응
'어차피 제대로 기획하지도 못했을 텐데.'

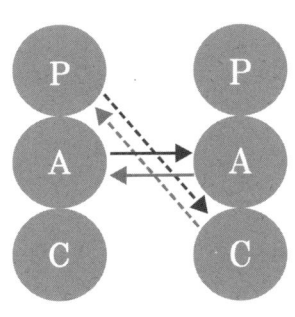

→ 겉마음 / 신호
"발표 준비는 잘 되고 있나?"
→ 겉마음 / 반응
"네, 열심히 하고 있습니다."

--▶ 속마음 / 신호
'우리 부서의 미래가 걸려 있어. 실패하면 안 돼.'
--▶ 속마음 / 반응
'우리 부서를 위해서라도 열심히 하자.'

[그림 4-13]

[그림 4-12]는 두 젊은 사원이 출장을 떠나기 전날 은근히 마음이 들뜨고 의욕이 넘치는 상황을 그리고 있다. 본심의 메시지가 상보 교류로 오고간다. 어떻게 보면 서로를 놀리는 듯하지만 신기하게도 사이좋게 대화가 이어진다. 아마 주변에서 이런 사람들을 많이 볼 것이다. 이들은 이면의 메시지를 상보 교류로 주고받는 것이다. 그렇다면 [그림 4-13]을 보자. 이면 교류 패턴을 보여주고 있지만 서로에 대한 이해는 각각 다르다.

우리 주변에서는 상보 교류, 교차 교류, 이면 교류의 세 가지 패턴을 자주 볼 수 있지만 그 중에서 가장 많이 사용하는 패턴은 다행인지 불행인지 이면 교류다. 따라서 이면 교류를 제대로 파악할 수 있다면 인간관계의 불편함을 상당 부분 해소할 수 있다.

게임에는 숨겨진
메시지가 있다

앞서 게임을 설명하면서 '게임에는 반드시 감춰진 동기나 목적이 있다'고 밝혔다. 여기서 감춰진 동기나 목적이란 이면 교류에 숨겨진 본심의 메시지를 가리킨다.

게임을 하는 사람은 반드시 이면 교류를 한다. 게임의 특징 중 하나는 부정적 스트로크의 교환과 이면 교류를 연속으로 실시하는 것이다. 부정적 스트로크의 교환은 상대를 불쾌하게 만드는 메시지를 보낸다. 예를 들어 1장에서 소개한 '음, 근데'의 게임은 [그림 4-14]처럼 이면 교류 패턴이 된다.

A의 표면(겉마음) 메시지는 C에서 P로 향한다. 상담을 해주는 B는 이에 대해 P → C의 메시지를 돌려주기 때문에 표면적으로는 상보 교류다. 하지만 A의 속마음, 즉 이면 메시지는 P에서 C로 향

한다. B의 P → C의 메시지와 교차 교류 형태가 되는 것이다. 따라서 B는 점차 불쾌해져서 대화를 그만두게 된다.

또한 앞서 본 '널 도우려고 했을 뿐이야' 게임과 '음, 근데' 게임의 조합처럼 궁합이 좋은 두 게임을 동시에 하는 경우에는 양자가 주고받는 이면 메시지가 완벽한 상보 교류가 되어 게임을 멈추지 못한다. 다음과 같은 식이다.

J : 큰일이야. 컴퓨터가 갑자기 멈췄어. 어떡하지?
K : 나한테 맡겨. 자, 다 고쳤어.
J : 음, 근데 또 멈추면 어떡해? 어떻게 고치는지 가르쳐줘.

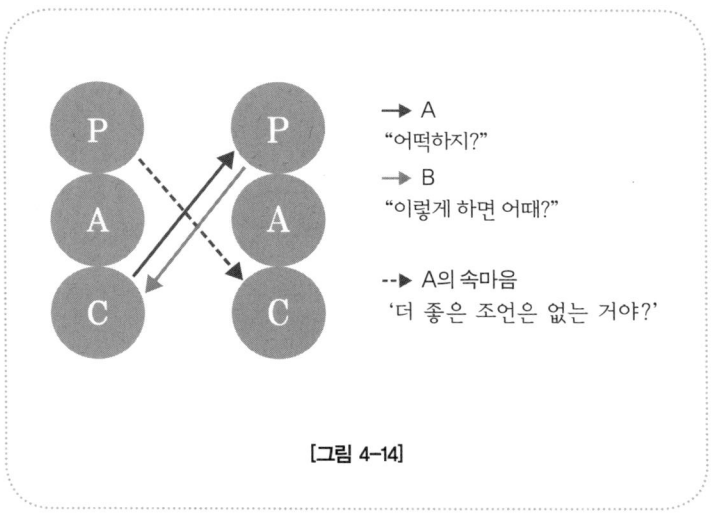

[그림 4-14]

K : 그래, 알려줄게. 여기 봐봐. 이렇게 고치면 돼.

J : 음, 근데 어려워서 잘 모르겠어.

K : 실제로 해보면 간단하니까 지금 해봐. 도와줄게.

J : 음, 근데 너도 바쁠 텐데 미안해서 어떻게 그래. 됐어.

얼마 후 J의 컴퓨터가 또 고장이 났다.

K : 거 봐, 그러니까 내가 알려준다고 했잖아.

다음날.

J : 큰일이야. 컴퓨터가 또 이상해.

K : 또? 알았어. 고쳐줄게.

J : 음, 근데 어제랑 상태가 다른 거 같아.

K : 어디 봐봐. 아, 이건 이렇게 하면 돼.

J : 음, 근데 아까 주임한테 물어봤더니 다르게 말하던데.

K : 그래? 주임한테 벌써 물어봤구나. 언제든지 내가 알려줄 수 있는데…….

속마음을
꿰뚫는 연습

단순하게 생각해서 기분 좋게 커뮤니케이션을 하고 싶다면 가능한 한 상보 교류는 '지향'하고 교차 교류는 '지양'하면 된다. 그러나 실제 일상 대화에서 가장 많이 사용하는 유형은 앞서 말했듯 '속마음과 겉마음'이 다른 이면 교류다. 이때 숨겨진 속마음을 파악하면 상보 교류를 향해갈 수 있다. 물론 이면에 감춰진 메시지를 간파하는 것은 그리 간단한 일이 아니다. 누구나 쉽게 속마음을 읽을 수 있다면 심리 전문가나 상담가, 정신과 의사, 심리 수사관 같은 직업은 필요 없었을 것이다. 다만 교류 패턴 분석을 의식하면 우리는 한 발 물러서 냉정하게 자신과 상대의 심리를 어느 정도 파악할 수 있다(이것이 교류분석의 장점이다!). 여기에는 나름의 훈련이 필요하다. 이를 에릭 번은 '생각하는 화성인(thinking

Maritan)'이라고 했다. 지구에 처음 내려온 화성인처럼 어떤 선입견을 갖지 않고 커뮤니케이션을 파악하는 것이다. 우리 모두 화성인이 되어보는 것이다.

먼저 교류 패턴을 의식하면서 대화해보자. 아무런 자각 없이 대화하면 시비조의 메시지에 시비조로 대응해 교차 교류를 하거나 무의식적으로 이면 메시지에 반응해 게임에 휘말리기 쉽다. 인간관계를 개선하고 싶거나 똑같은 실수를 다시 반복하고 싶지 않다면 무턱대고 대화에 임하지 말고 가능한 한 상대나 자신의 대화 메시지를 염두에 두고 말하자.

다시 말하면 이면 메시지는 제쳐두고 우선 표면 메시지부터 알아차리는 습관을 길러야 한다. 대화에서 순간적으로 지금 한 말의 발신지는 어느 마음 상태인지 판단해보자. 상대의 말뿐 아니라 자신의 말도 확인해야 한다. 예를 들어 '아, 지금 나는 아이의 마음 C로 말하고 있구나'라는 식으로 판단하면 자기 조절이 쉬워진다. 발신지라고 해도 P, A, C의 세 가지 유형이 전부라 금방 익숙해진다. 다음 페이지에 나오는 문제를 통해 연습해 보자.

☆ **연습문제 1**

다음에 소개된 말의 발신지는 P, A, C 중 무엇이라고 생각하는가?

문제

① 회의를 시작하겠으니 자리에 앉아주시기 바랍니다. ·············· ☐
② 엄마, 안아줘! ·· ☐
③ 자네 그러면 안 돼. 그런 일이 생기면 제일 먼저 나한테 상담해야지. ········ ☐
④ 힘들 땐 언제든지 나한테 말해. ·· ☐
⑤ 알아서 정하세요. 저는 다 괜찮아요. ······································ ☐

답 ① A, ② C, ③ P, ④ P, ⑤ C

①은 회의실이 떠오르는 대사다. 사실 전달이므로 냉정한 A가 발신지다. ②는 아이가 부모에게 하는 전형적인 말로 C가 발신지다. ③은 상사가 아버지와 같은 마음 P로 발언하는 사례라 할 수 있고, ④는 친척 아저씨나 선배가 P로 발언하는 경우에 들을 법한 말이다. ⑤는 맞선이나 데이트 등에서 조심스러운 여자가 '착한 척'을 할 때 사용하는 전형적인 대사다. 물론 요즘 이런 말을 하는 사람 중에는 마마보이가 더 많을지도 모르지만······.

☆ **연습문제 2**

다음 말의 발신지는 P, A, C 중 무엇이라고 생각하는가?

문제

① 내가 도와줄게. ································· ☐

② 이봐요, 여기선 금연이에요! ················· ☐

③ 어제 교섭 정말 잘했어. ······················ ☐

④ 이번엔 저쪽 롤러코스터를 타자! ············ ☐

⑤ 죄송하지만 조금만 도와주실 수 있나요? ··· ☐

⑥ 7시에 네 분 예약하셨습니다. ················ ☐

⑦ 어느 마음이 발신지라고 생각하세요? ······ ☐

⑧ 오늘은 대회 마지막 날입니다. ··············· ☐

답 ① P, ② P, ③ P, ④ C, ⑤ C, ⑥ A, ⑦ A, ⑧ A

☆ **연습문제 3**

이번에는 발신지와 수신지를 파악해 P → C라는 형식으로 답해 보라.

문제

① 얼른 방 치워라! ·· ☐→☐
② 엄마, 내일 6시에 깨워주세요. ······················· ☐→☐
③ 다음 기차는 몇 분에 출발해요? ···················· ☐→☐
④ 야, 저거 맛있을 것 같아. 저거 먹자! ············ ☐→☐

답 ① P→C, ② C→P, ③ A→A, ④ C→C

물론 실제 대화는 쉽게 파악하기 힘들고, 좀더 정확한 상황 판단이 필요하다. 예를 들어 회사에서 어떤 사람이 서류를 건네면서 "열 부만 복사하세요"라고 말했다고 하자. 이때 자신과 상대의 입장이나 그때의 상황에 따라 다양한 메시지를 떠올릴 수 있다.

우선 A → A다. 업무상의 사실만을 전달하고 상대에게 확인만을 기대하는 경우다. 함께 일하는 동료가 침착하게 건넨 말이라면 이는 A → A의 메시지가 될 것이다.

다음으로 P → A다. 업무상 사실 확인이라도 상사가 부하에게 건넨 말이라면 발신지가 P가 되기도 한다. 그때 발신자의 태도에는 명령하는 듯한 분위기가 더해진다. 다만 명령이라고 해도 상대에게 냉정한 대처를 요구하므로 P → A의 메시지가 된다.

그리고 P → C다. 성급하고 예민한 상사가 자못 명령조로 "열 부만 복사하세요!"라고 말했다면? 부하에게 "네, 얼른 하겠습니다!"라는 즉각적인 복종을 기대하고 있을 것이다. 상사가 기대하는 응답의 발신지가 C이므로 상사의 메시지는 P → C의 메시지가 된다. 상대를 아이처럼 취급하고 완전한 상하관계를 과시하고 싶은 사람은 같은 말을 해도 이런 메시지를 던진다. 어조도 강경하고 태도 역시 거만하다.

이렇듯 같은 말이라도 발신지와 수신지가 다르면 전혀 다른 의미를 가진 메시지가 된다. 상대의 말이 어떤 메시지인지 추리하는 것이 바로 '마음을 읽는 것'이다. 실제 대화를 통해 시험해보기 바란다. 상대의 말에서 메시지를 추리할 수 있다면 당신은 이미 상대의 마음을 읽을 수 있다!

원하는 교류를 선택하자

만약 누군가와 불편한 관계를 지속하고 있다면 교류를 바꿔 선택해 보자. 심리학자 스티븐 카프먼Steven Karpman은 우리가 원하는 교류를 선택할 수 있다고 주장했다. 이를 위해서는 다음 네 가지 조건을 염두에 두자.

① 나 또는 상대방 혹은 둘 모두 자아상태를 바꿔라.
② 교차 교류를 시도하자.
③ 대화의 주제를 돌리자.
④ 앞서 불편했던 주제를 잊자.

이 가운데 앞의 둘은 불편한 관계를 바꾸는 데 필수적이다. 특히 지금까지 응답했던 것과 달리 다른 자아상태를 선택해 교차 교류를 시도하는 것은 관계를 바꾸는 데 많은 도움이 된다. 예를 들어 억압적인 팀장과 순종적인 팀원의 관계를 떠올려 보자.

　팀장 : 자네 옷차림이 왜 그래? 여기가 놀이터야!
　팀원 : 죄송합니다. 전 자유롭게 입어도 된다기에 ······
　팀장 : 이건 뭐, 완전 연예인이네.
　팀원 : 죄송합니다. 다음에는 주의하겠습니다.

두 사람의 대화는 전형적인 P → C, 그 중에서도 CP → AC의 교류다. 사사건건 이런 대화가 반복된다면 둘 사이는 돌이킬 수 없는 관계로 치닫게 된다. 직장을 그만두면 속이 편하겠지만 아무런 대책 없이 그런 선택을 할 수도 없다. 결국 둘 간의 관계를 변화시켜야 한다. 이때 교차 교류를 시도하는 것이다.

앞선 예를 보면 "팀장님, 저만 미워하시는 건 아니죠? 팀장님도 이런 옷을 입어 보세요. 팀장님은 외모가 받쳐 주니까 잘 어울리실 거예요?"라고 긍정적인 A로 전환하는 식이다. 그렇다고 전환이 반드시 긍정적일 필요는 없다. "팀장님, 회사 내 정해진 복장 규칙은 없습니다. 이 정도면 과하지 않은 정도라고 생각됩니다"라는 식으로 대응할 수도 있다. 어떤 선택을 하든 A 자아상태를 통해 가장 적절한 방법을 판단하는 게 좋다. 카프만은 이런 전환에 대해 "현재 진행되고 있는 교류를 변화시키고 어떤 방법이든 그 상황에서 벗어나는 게 목적"이라고 설명했다.

인간관계는 A로 대처하자

실제 대화에서는 표면 메시지라고 해도 상황에 따라 발신지나 수신지가 달라져 파악하는 방식도 다양하다. 익숙하기까지는 꽤 시간이 걸린다. 다만 잊지 말아야 할 점은 발신지도, 수신지도 결국 P, A, C 세 자아상태 중 하나라는 것이다. 적중할 확률은 3분의 1이나 된다. 초반에는 어림짐작이라도 좋으니 계속 시도하자. 익숙해지면 그 다음에는 이면 메시지를 파악하는 것이다.

상보 교류의 대화를 한다고 생각했지만 어쩐지 분위기가 어색해졌다는 것은 이면 메시지가 순조롭게 오고가지 않았다는 증거다. 예를 들어 당신이 A로 대화를 나누고 있는데 순조롭게 풀리지 않는다면 상대는 속으로 당신의 A가 아니라 P나 C로 메시지를 보내고 있을 가능성이 높다. 따라서 상대의 메시지가 어떤 것인지 추측해보라. '사실은 나한테 기대고 싶은 걸까?' 혹은 '내 의견이 마음에 들지 않는 걸까?'라고 상대의 발신지를 여러모로 파악하는 것이다. 또한 상대의 P로 보낸 메시지가 순조롭게 전달되지 않을 때는 상대는 A나 C로 대응하고 있을지도 모른다. 우선 자신의 메시지를 확인하고 상대와 나누는 대화를 살펴보라.

이렇게 이삼 개월가량 꾸준히 익히면 이면 메시지를 조금씩 읽을 수 있다. 특히 짧은 대화에서는 냉정함만 유지해도 쓸데없는 감정 충돌을 피할 수 있다.

영업 사원과 같이 사람을 대하는 직업을 가진 사람만이 아니라 일반 직장에 다니는 사람도 교류 패턴 분석을 활용하면 인간관계에 많은 도움이 된다. 의료 현장에서도 환자와 직원 사이에 이면 교류가 자주 발견된다. 필자와 동료들이 일하는 심료내과에서는 항상 환자의 이면 교류를 염두에 두고 진료에 임한다.

이때 커뮤니케이션을 향상시키는 가장 효과적인 방법은 '어른의 마음 A를 적당히 작동시켜서 이성을 유지하는 방법'이다. P나 C도 중요한 요소지만 이 두 마음이 작용할 때는 감정에 치우칠 위험이 있다. 인간관계에 불화가 생길 때는 당사자의 A가 제대로 작용하지 않아 냉정하게 상황을 판단하거나 문제를 해결할 수 없는 경우가 대부분이다. 친한 사람과의 교류는 P나 C의 메시지를 많이 사용해도 상관없지만 직장이나 사회적 관계는 가급적 A로 대처하는 게 좋다.

원칙적으로 사람은 대화를 할 때 상대의 메시지를 상보 교류로 받아들이므로 A에서 A로 향하는 메시지를 보내면 상대 역시 A로 돌려줄 가능성이 높다. 상대의 말에 P나 C로 반응하지 말고 가급적 A를 사용해 냉정하게 대처하는 것이 인간관계를 원만하게 유지하는 비결이다. 이는 게임을 막는 데도 도움이 된다.

"그때 그 말 안 하길 잘했어"

"혹시 저 사람, 나와 게임하려는 거 아냐?"

"내게 이런 습관이……"

"굿바이 게임!"

5

지금 여기에서 시작하기

게임의
원인을 깨닫자

자기 자신을 응시하라.
겉을 둘러싼 것으로 향하는 눈길을 돌려 자신의 내면을 보라.
- 독일 철학자 피히테

우리 삶에서 인간관계는 스트레스의 가장 큰 요인 중 하나다. 아무리 평온하게 보이는 사람이라도 사람을 만나는 과정에서는 한두 가지 정도 고민을 안고 있다. 이런 고민은 업무나 건강에도 영향을 끼친다. 실제로 나는 인간관계 문제로 업무나 건강에 이상을 호소하는 환자들을 수없이 봐 왔다.

이런 스트레스에 대해 우리는 어떻게 대처하고 있을까? 대부분 자신의 부족한 사교성을 반성하거나 상대에 대한 열등감을 느끼며 우울한 기분에 빠져 고민만 한다. 이제부터 달라져야 한다며 새롭게 각오를 다지는 사람도 있지만 막상 상황이 닥치면 마음먹은 대로 되지 않는다. 아무리 조심하더라도 문득 정신을 차리면 예전처럼 관계가 엉망이 됐다고 생각하고 '우울 모드'로 빠져들기 일쑤다.

아예 잊자고 생각하지만 이마저 쉽지 않다. 갑작스럽게 그 일이 떠올라 혼자 민망해 하거나 소리를 지른 경험은 누구나 한 번쯤 있을 것이다. 그렇게 신경을 쓰다보면 다시 스트레스가 된다. 이처럼 쉽게 돌파구가 보이지 않는다는 게 인간관계의 어려운 점이다. 스스로를 객관적으로 판단하지 못해 문제를 더 꼬이게 만든다. 문제의 한복판에 있으면서도 본질이 좀처럼 보이지 않는 것이다. 결국 자신의 본심조차 제대로 알 수 없게 된다.

이때 필요한 게 바로 정확한 현실 파악과 진단이다. 건강이 나쁘면 병원에 가서 원인부터 진단하듯 현실을 정확히 파악하자. 인간관계에서 오는 스트레스 역시 문제의 원인을 밝히는 것부터 시작해야 한다.

지금까지 소개한 게임들을 통해 주변에서 본 사례들을 한번쯤 떠올리고 공감했을 것이다. 물론 그 사례가 자기 자신에게 해당될지도 모른다. 그렇다면 그 상황을 자유롭게 글로 쓰자. 쉽게 보이지 않던 문제가 글을 통해 눈으로 파악되는 새로운 경험을 할 수 있다. 이때 4장에서 연습한 P, A, C를 사용한 교류 패턴 분석도 활용해보자. 다음처럼 말이다.

'그가 이렇게 말했는데 그건 P에서 A로 가는 메시지겠지?'

'같은 말이라도 P가 아니라 A로 하면 어떻게 될까?'

'남편하고 나누는 대화가 이런 이면 교류일지도 몰라.'
'항상 P로 말하는 게 이 사람의 버릇이구나.'

이런 식으로 짐작할 수 있다. 만약 구체적인 답을 찾지 못하더라도 걱정할 필요는 없다. 글을 쓰는 작업을 통해 지금까지 하나의 견해에 불과했던 문제를 다른 각도에서 볼 수 있다. 그렇게 검토하는 과정 자체가 큰 가치가 된다.

글쓰기 자체에 부담을 느끼는 사람도 있다. 이들을 위해 세 가지 유형으로 만든 가이드를 제시했다. 쓸 수 있을 것 같은 부분부터 자유롭게 시작해 보자. 문제를 안 다음에는 어떻게 대처하면 좋을지 알려주는 힌트도 덧붙였으므로 참고하면 도움이 될 것이다. 자 이제 빈 노트를 준비하라.

게임을
버리는 연습

본격적으로 쓰기 전에 지금 가장 신경이 쓰이는 인간관계의 고민부터 적어보자.

- 최근 기분 나쁜 경험을 했다.
- 오래전부터 마음에 담아둔 어색한 관계.

이런 식으로 하나씩 자유롭게 써보라. 글쓰기가 부담스럽다면 다음 순서를 따라해 보자.

노트1 | 싫은 상대를 분석하자

당신이 '벅차다' '싫다'고 느끼는 상대를 머리에 그려보라.
- 그 사람의 어디가 특히 싫은가?

- 단점을 확실하게 밝히기 위해 그 사람의 문제가 가장 정확히 드러나는 말이나 행동을 연상해보자.
- 그 사람이 가지고 있는 버릇이 있는가? 혹은 실제로 말할 법한 말이나 행동이 있는가? 이런 말을 들을 때(혹은 이런 태도를 볼 때) 마음에 들지 않는 점을 써보라.
- 그 말(행동)에 대해 당신은 항상 어떻게 반응하는가? 상대의 싫은 말(행동)과 그에 대한 당신의 반응을 살피면서 각각의 메시지가 오고가는 발신지와 수신지를 생각해보자.
- 싫은 상대가 구축한 인간관계의 인생 태도를 추측해보자. 게임을 하는 사람은 '나는 OK가 아니다, 당신은 OK가 아니다'라는 식으로 'OK가 아니다'라는 태도를 가지고 있다.
- 당신이 싫어하는 사람은 어떤 사람이라고 생각하는가? 싫은 상대가 어떤 사람인지 정확히 알지 못하는 사람은 시험 삼아 그 사람이라면 어떻게 답할지 상상하고 싫은 상대의 'OK그램'([부록 1] 참조)을 작성해보자.

어떤가?
- 싫은 상대는 'OK가 아니다'라는 태도를 가지고 있는가?
- 그 태도로 뭔가 게임을 하고 있을 가능성은 없는가?
- 앞으로 그 사람과 대화할 때 주의해야 할 점은 무엇이라고 생

각하는가?
- 어떤 교류 패턴을 이용하면 스트레스를 받지 않고 교제할 수 있다고 생각하는가?

[대처법의 힌트]
- 싫은 사람을 상대할 때는 결코 상대의 페이스에 말려들지 않는다.
- 상대에게 싫은 말을 들었을 때 당신이 지금까지와 다른 마음 상태를 사용하여 대응하고 싶다면 어떤 방법이 있을지 (예를 들어 평소에는 P → A였지만 A → A로 바꾸는 방법 등) 생각해보자.
- 커뮤니케이션은 상대가 있어야 존재한다. 당신이 어떤 사람과 나눈 커뮤니케이션에 문제가 있었다고 해도 그에 대한 반성이 다른 사람과 나눌 커뮤니케이션에 반드시 도움이 된다고 단정할 수 없다. 자신이 발견한 문제에 대해 반성하는 것은 좋지만 '다음에는 반드시 이렇게 말하자' 혹은 '절대로 이렇게는 말하지 말자'고 결의를 다지지는 말자. 인간관계에 모범 답안은 없다.
- 만약 싫은 상대가 인간관계에 영향을 주는 나쁜 습관을 가지고 있고 특히 '게임을 하고 있다'고 느낀다면 상대를 제압

하자거나 관계를 개선하자고 생각하지 말자. 그렇게 생각하더라도 상대가 달라진다는 보장은 없다.
- 무엇보다 당신의 스트레스가 조금이라도 줄어 고민하지 않고도 난처한 상황을 타개할 수 있는 것이 중요하다.
- '문제가 생기는 이유는 상대가 나쁘기 때문이다!' 때로는 이렇게 단정할 필요도 있다. '이상한 녀석이 많아서 피곤하네'라고 생각하면서 속마음과 겉마음의 이면 교류를 의식하여 마음의 여유를 가지고 다양하게 대응법을 바꿔보자. 주위 사람은 적어도 당사자인 당신보다는 객관적으로 당신과 상대의 대화를 살펴볼 것이다. 객관적인 견해를 놓치지 않도록 A의 마음 상태, 즉 이성을 활용하기 바란다.

노트2 | 하지 못해서 후회스러웠던 말

- 제대로 말을 받아치지 못해서 후회한 적이 있는가?
- '실제 마음과는 다른 말을 해버렸다'고 후회하는 경우는 없는가? 그렇게 신경이 쓰였던 때를 떠올려보라.
- 그 말은 어떤 상황에서 어떤 상대에게 한 말인가?
- 그 말은 상대의 어떤 말에 대응한 말인가?
- 당신이 한 말에 대해 상대는 어떻게 반응했는가?

- 구체적으로 메시지의 발신지와 수신지를 염두에 두고 생각해보자.
- 그때의 겉마음, 즉 '표면의 대화'는 어떤 교류 패턴으로 진행됐을까?
- 당신이 그때 정말로 하고 싶었던 말, 즉 속마음은 어땠는가? 글로 써보자.
- 만약 당신이 그 속마음을 상대에게 털어놓는다면 어떤 말을 했겠는가? 태도와 어조를 포함하여 어떤 메시지가 되었을지 발신지와 수신지를 염두에 두고 표현해보라. 그 말을 했다면 더욱 원만한 인간관계를 형성했을 것이라고 생각하는가?

[대처법의 힌트]
- 당신이 '그렇게 말했다면 좋았을 텐데'라고 생각하는 속마음은 제대로 표현될 수 있었을까?
- 만약 그렇게 말했다면 상대는 그 속마음을 제대로 받아들였을까?
- 오히려 심한 다툼이 벌어졌을 가능성은 없을까?
- 그럴 가능성이 있다면 마음에 걸렸던 '말했으면 좋았을 한마디'는 '말하지 않은 편이 좋았던 한마디'인지도 모른다. '말할 수 없었던 한마디'는 당신의 이성, 인내심 그리고 인간관

계를 원활하게 유지하려는 배려처럼 적절한 커뮤니케이션의 표출일지도 모른다.
- 당신이 속마음을 말할 수 없었던 원인이 상대에게 있는 경우도 있다. 그러므로 상대의 메시지도 다시 한 번 주의를 기울여보자. 만약 무슨 말을 어떻게 해도 태도를 바꾸지 않을 상대라면 요주의 인물로 간주하여 대책을 짜보자.
- 당신에게는 속마음을 털어놓을 수 있는 상대가 있는가? 그 사람과는 어떻게 속마음으로도 제대로 유지되는 걸까? 속마음을 말할 수 있는 상대와 말할 수 없는 상대의 차이에 대해 생각해보자.

노트3 | 어조와 태도에 드러나는 버릇 확인

- 당신은 '어느새 항상 이런 입장에 처해 있다' '항상 같은 사건을 겪고 있다'고 생각한 적이 있는가?
- 당신이 가지고 있는 인간관계의 버릇에 대해 생각해보자.
- 당신에게는 무심코 입에 담는 대사나 행동에 옮기게 되는 태도(예를 들어 걸핏하면 "근데……"라고 반론하거나 다른 사람을 추궁하게 되는 경우)가 있는가? 있다면 글로 써보자!
- 당신이 불쾌한 감정을 느꼈던 대화 속에서 그 대사나 태도가

나온 예가 있는가? 그 대화를 떠올려보기 바란다.
- 상대는 당신의 대사나 태도에 어떻게 대응했는가?
상대의 반응(짜증, 무시, 비난 등) 적어보자.

[대처법의 힌트]
- 당신의 어조나 태도에 드러나는 버릇이 어떤 마음에서 나오는지 곰곰이 생각해보자.
- 사교성이 나빠서 어쩔 수 없다는 부정적인 생각이 있는가?
- 만약 '나는 OK가 아니다'라는 인생 태도를 가지고 있다면 그 태도가 '인간관계의 나쁜 습관', 즉 게임으로 나타나는 경우도 있다. 당신은 그런 버릇이 있는가. 자신의 'OK그램'을 작성해보라.
- 반대로 자신만 노력하고 다른 사람은 아무도 노력하지 않는다고 생각하는가? 그 생각이 사실인지 아닌지 객관적으로 판단하는 시간도 필요하다. 'OK그램'을 작성해보자. 자신이 '당신은 OK가 아니다'라는 태도를 가지고 있는지도 모른다.
- 2장과 3장을 다시 살펴보고 자신의 경우에 가까운 게임의 예가 있는지 찾아보자.
- 만약 나쁜 습관이 있어도 노트에 적으면서 그 존재를 깨닫는다면 그것만으로 훌륭한 성취다. 다음에는 버릇을 드러나

지 않도록 미리 준비하자.

- 나쁜 습관이 되어버린 대사나 태도를 사용하지 않고 메시지를 보낸다면 어떤 표현이 될 수 있다고 생각하는가? 다음번에는 다른 교류 패턴으로 커뮤니케이션을 시도해보자.

바보,
문제는 나였어

글로 적는 작업을 해보니 어떤가?

'아무리 생각해도 역시 상대가 나빠!'

이렇게 결론을 내리고 속이 후련해진 사람이 있을지도 모르겠다. 만약 그렇다면 도움이 된 것이다. 또한 '나한테 이런 문제가 있었구나'라고 반성한 사람이 있을지도 모르겠다. 그것도 좋다. 그동안 문제를 깨닫지 못해 게임에 휘말렸거나 나쁜 습관에 빠졌던 것이다. 문제를 깨달은 이상 앞으로 대책을 세우면 된다.

게임에는 다양한 종류가 있다. 또한 각각의 게임에서 실시되는 이면 교류의 패턴은 복잡하다. 모든 게임에 공통되는 '필승 전략'은 없지만 일반적으로 게임을 접했을 때 대처하기 위한 세 가지 원칙은 있다.

게임은 비슷한 상황에서 반복되는 경우가 많다. 따라서 그 첫 번째 대처법은 가급적 그 상황을 회피하는 방법이다. 예를 들어 싫은 상대가 '음, 근데' 게임을 한다는 사실을 깨닫는다면 그 사람이 상담을 요청해도 너무 친절하게 대응하지 않도록 재빨리 대화를 차단해야 한다.

이에 대해서는 이미 언급했지만 싫은 상대가 하고 있는 게임의 특징을 최대한 빨리 간파하고, 게임의 패턴에 걸려들 것 같은 낌새가 보이면 일단 그 자리를 뜨는 게 좋다. 급한 용무를 떠올렸다든가 갑자기 치통이나 복통을 일으킨 척해도 좋으니 우선 그 상황에 맞춰 자연스럽게 피하라. 이렇게 거리를 두는 과정에서 냉정해질 수 있다.

이전에 '분노에 대처하는 방법'을 다룬 책을 읽은 적이 있다. 책에서는 "지금 화가 났다"라고 선언하고, 그 자리를 떠나라는 조언이 실려 있었다. 이처럼 자리를 함께하지 않는 것은 게임을 피하기 위한 요령도 된다.

두 번째 대처법은 게임이 끝난 다음에 어색하고 초조한 분위기가 남는 원인은 어디까지나 게임을 시작한 사람에게 있기 때문에 신경 쓰지 않는 것이다. 게임을 시작한 사람은 'OK가 아니다'라는 태도를 지녔고, 그 태도가 인간관계를 비튼다. 이는 그 사람의 책임이므로 거기에 휘말린 당신이 책임을 느낄 필요는 없다. '제대로 달래지 못하는 것은 당신 탓이 아니다'라고 믿고 책임을 전가하는 사람의 푸념을 진지하게 들을 필요가 없다. OK가 아니라는 태도를 가지고 있어 가엾다는 정도로 생각하고 얼른 잊어버려라. 대처할 방도가 없는 게임에 책임을 느끼거나 찝찝한 뒷맛을 계속 음미하면 스트레스만 쌓인다.

마지막 대처법은 항상 어른의 마음 A를 작동시키는 것이다. 이성을 지키고 냉정해져서 상대가 하고 있는 게임의 페이스에 휘말리지 않도록 주의해야 한다. 본심이 보이지 않는 이면 교류의 존재를 알아차리거나 불쾌한 감정을 느낀다면 한시라도 빨리 '아, 이건 게임이 아닐까?'라고 의심하라. 그리고 감정을 배제한 A → A의 메시지를 보내라.

상대가 게임을 하면 A의 작용이 약하고 메시지가 대체로 그 사람의 P나 C에서 당신의 P나 C로 발신된다. 따라서 당신이 A → A의 메시지를 보내면 반드시 교차 교류가 일어난다. 교차 교류는 기본적으로 활기를 띠지 않는 대화이므로 게임의 진행을 거기서 멈추게 하는 효과가 있다.

상대가 끈질기게 굴면 담담하게 "흐음" 정도로 짧게 응답하고, 가만히 흘려 듣는 방법도 효과적이다. 당신이 호응하지 않는 한 게임은 성립되지 않아 자연스럽게 흐지부지된다. 이때 자신이 상대와 궁합이 좋은 게임을 즐기는지, 오히려 게임을 부추기는지도 확인하자. 만일 그렇다면 스스로 게임을 끝내겠다는 의지를 가지고 이후의 인간관계에 임해야 한다.

버릇이 되어버린 말이나 행동을 깨달았을 때는 우선 그런 버릇을 깨달은 자신을 칭찬해주자. 자신을 책망할 필요는 없다. 버릇은 어디까지나 버릇이다. 일부러 그랬을 리가 없다. 다만 자신의 버릇을 깨닫고 나면 또 다른 교류 패턴이 가능하도록 다양하게 생각하자. 가능한 한 나쁜 습관을 드러내지 않고 해결할 수 있도록 마음의 준비를 해두는 것이다.

'지금 여기'에서
건투를 빈다

인간관계에서 받는 스트레스를 없애는 최선의 방법은 나를 사랑하는 사람들에게만 둘러싸여 있는 것이다. 물론 이는 현실에서는 거의 실현 불가능한 이상적인 상황이다. 다만 여기서 알 수 있는 사실은 인간관계로 고민하고 있는 사람이라면 조금이라도 마음이 편안해져야 한다는 것이다.

교류분석은 '지금 여기(here and now)'라는 대원칙이 있다. 누구에게나 '지금 여기 살아 있다'는 사실이 가장 중요하다는 의미다. '자신의 과거와 타인은 바꿀 수 없다. 바꿀 수 있는 것은 현재의 자신뿐이다'라는 것이 교류분석의 기본적인 철학이다.

곤혹스러운 사람에게 게임을 그만두라고 하기는 힘들다. 자기 자식조차 마음대로 안 되는데, 하물며 타인의 마음을 바꾸기는 얼마나 어렵겠는가? 마찬가지로 인간관계에서 드러나는 자신의 나쁜 습관을 알아차리고 "이렇게 된 건 전부 엄마 아빠 탓이야" "어차피 나 같은 건……"이라고 불평불만을 늘어놓아도 지금까지 살아온 과거는 바꿀 수 없다. 일기나 사진은 불태울 수 있어도 과거에 일어난 사건 자체를 없애지는 못한다.

상대를 바꾸려고 안달하거나 더욱 능숙하게 처신하려고 애쓰는 일은 이제 그만두자! 바꿀 수 있는 것은 '지금 여기' 있는 자신뿐이다. 원하는 대로 되는 일이 하나 없더라도 자신의 마음가짐은 노력으로 바꿀 수 있다. '인간관계는 이제 싫어!'라는 막다른 상태에서 '세상에는 다양한 사람이 있구나' '이런 습관이 있었구나, 이제부터 주의해야지'라는 여유로운 마음으로 전환하자. 그것만으로 편해진다.

중요한 것은 본인의 의지다. 인간관계에서 오는 스트레스를 줄이거나 풍족한 관계를 쌓고 싶다면 어느 정도 노력이 필요하다. 지금 여기서 쏟는 자신의 노력이 행복한 미래로 이어질 수 있다.

지금 여러분에게 '자, 해보자!'라는 의욕이 솟아나지 않는다면 교류분석에 관한 이야기를 아무리 해도 모조리 '쇠귀에 경 읽기'일 뿐이다. 교류분석은 누구도 아닌 당신 자신이 이해하고 활용하기 위한 심리학이다.

인간관계 스트레스를 줄이는 6가지 비결

마지막으로 인간관계를 개선하기 위한 방법을 정리했다.

① 상대가 보내는 메시지의 발신지와 수신지를 파악하고 상보 교류로 대응한다.
② 언쟁이나 대립은 P → C의 메시지를 주고받는 형태가 많다. 상대의 P에서 메시지가 나온다고 느낀다면 결코 P → C의 메시지를 보내지 않는다.
③ 이면 교류에 숨겨진 본심의 메시지를 최대한 헤아리도록 노력한다. 어렵더라도 항상 의식만은 열어두기 바란다.
④ 상대를 기분 좋게 만드는 긍정적 스트로크의 교환에 집중한다. 부정적 스트로크는 반응하지 말고, 상대에게도 보내지 않는다.
⑤ 상대나 자신의 나쁜 습관을 알아차린다면 일부러 평소와 다른 행동을 취해서 나쁜 습관을 멈추도록 한다.
⑥ 불쾌한 감정이 솟을 때는 기분전환을 시작한다. 아이의 마음 C 중에서도 FC가 작용할 만한 행동(놀이나 운동 등)을 취하면 효과가 있다.

거창하게 설명했지만 일상에서 이 모든 방법을 실행하기는 어렵다. 필자조차 제대로 실행하지 못하는 경우가 많다. 그런데도 교류분석을 알지 못한 채 보내던 나날과 교류분석을 염두에 두고 보내는 '지금 여기'를 비교하면 인간관계에서 상당한 변화를 가져온다고 자부한다.

이제부터는 인간관계를 재미있는 '새로운 게임'처럼 즐겨보라. 여러분이 이 책에서 읽은 내용을 마음에 담아두고 일상의 커뮤니케이션 속에서 문득 떠올리기를, 그리고 그 과정이 스트레스를 줄이는 데 조금이라도 도움이 되기를 진심으로 기원한다. 인간관계를 힘들어 하는 모든 이들의 건투를 빈다!

맺음말

교류분석을 정리하며

교류분석(Transactional Analysis / 이하 TA)은 에릭 번이 1950년대에 창시한 성격 및 커뮤니케이션의 이론과 그에 바탕을 둔 치료 체계다. 필자는 TA를 '쉬운 자아발견의 수단이자 인간관계의 과학'이라고 정의하고 있다. TA의 네 가지 분석 방법과 세 가지 욕구 이론을 정리하면 이렇다.

네 가지 분석 방법

① 구조 분석('마음속 5인 가족'을 이용하여 현재 자신이 가지고 있는 마음의 상태를 확인한다.)
② 교류 패턴 분석(마음의 교류 패턴을 파악한다. 4장 참조.)

③ 게임 분석(인간관계 안에서 반복되는 나쁜 습관을 분석한다.)
④ 각본 분석(인생을 드라마에 비유하여 그 시나리오를 분석한다.)

게임의 정의나 분류는 매우 어렵고 연구자에 따라 미묘하게 다르다. 심료내과에서도 게임의 재정립과 재분류를 시도하고 있다.

세 가지 욕구 이론

① 자극(스트로크)에 대한 욕구
② 시간 구조화에 대한 욕구
③ 태도(인간관계에서의 인생 태도)에 대한 욕구

①은 스트로크, 즉 '마음의 양식'을 원하는 욕구다. ②는 시간을 사용하는 방법에 관한 욕구다. 간단히 말하면 스트로크를 얻는 시간을 늘리고 싶다는 욕구다. 이를 위해서는 어떻게 시간을 보내야 할지 생각해야 한다. 이것이 바로 시간 구조화라는 개념이다. ③의 '인생 태도'는 1장에서 설명한 것이다. 태도에 대한 욕구는 자기 자신이 가지고 있는 인생 태도를 평생에 걸쳐 증명하고 싶은 욕구다. 사람은 무의식중에 이 욕구를 겉으로 드러낸다. 예를 들어 '나는 OK다, 당신은 OK가 아니다'라는 태도를 가진 사

람이 약자를 괴롭히거나 '나는 OK가 아니다, 당신도 OK가 아니다'라는 태도를 가진 사람이 자살을 꾀하는 식이다.

이 세 가지 욕구가 균형적으로 채워졌을 때 마음은 안정되고 만족감을 얻는다. 최상의 상태는 기분 좋은 자극을 주고받을 수 있는 상대(스트로크에 대한 욕구가 충족된다)와 충실한 시간(시간의 구조화에 대한 욕구가 충족된다)을 보내면서, '나는 OK다'(태도에 대한 욕구가 충족된다)라고 확신한다.

하지만 이런 상황은 쉽게 오는 것이 아니다. 대부분의 사람들은 각자 수집하고 싶은 스트로크의 종류와 사용하고 싶은 시간의 선택, 증명하고 싶은 태도 유형에 따라 인간관계가 자신의 생각과 달리 뒤틀리는 경험을 한다. 교류분석이란 이런 욕구의 존재를 깨닫고 자신의 마음이 가지고 있는 욕구의 유형을 깨닫기 위한 심리학 이론이라고도 할 수 있다.

인간관계를 고민하는 독자는 지금까지 살펴본 교류분석으로 충분하지만 자신의 심리를 더 알고 싶다면 [부록 2] '교류분석에 대해 더 알고 싶은 두세 가지 것들'을 참조하면 도움이 될 것이다.

부록 1

심리 테스트
'OK 그램'

심리 테스트 'OK 그램'

인생 태도 네 가지 중 자신이 어디에 해당하는지 알아보는 방법으로 'OK 그램'이라는 심리 테스트가 있다. 각 질문에 답하고 그 대답을 집계해 그래프로 만들면 자신이 어떤 태도를 가지고 있는지 알 수 있다.

※ 아래 제시되는 'OK 그램'은 후쿠오카 현립대학 명예교수이자 일본 교류분석 학회 이사장인 스기타 미네야스 박사가 고안했다.

[테스트 1]
다음 질문에 해당되거나 옳다고 생각되면 ○, 그렇지 않으면 ×, 어느 쪽이라고도 말할 수 없는 경우에는 △로 표기하라.

1. 나는 내가 좋다. W
2. 나는 모두에게 사랑받는 사람이 아니다. X
3. 나는 귀하게 자랐다. W
4. 나의 출생은 그다지 환영받지 못했다. X
5. 나는 근본적으로 인간을 신뢰하지 않는다. Z
6. 나는 지금 생활에 도움이 되는 사람이다. W
7. 나는 나를 쓸모없는 사람이라고 생각한 적이 종종 있다. X
8. 다른 사람의 행동이나 생각이 나와 달라도 그다지 기분이 나쁘지 않다. Y
9. 상대를 존중하는 것은 그 마음을 이해하는 것이다. 나는 이를 위해 노력한다. Y
10. 나는 다른 사람에게 의지가 되는 사람이다. W
11. 나는 적극적으로 행동하는 편이다. W
12. 나는 소극적인 성격이므로 실패가 두려워 도전하지 않는다. X
13. 나는 때때로 상대를 매도하거나 질책하는 경우가 있다. Z
14. 나는 내가 한 일을 자주 후회한다. X

15. 상대가 내가 기대처럼 움직이지 않으면 몹시 화가 난다. Z
16. 다른 사람의 좋은 점보다 나쁜 점을 지적하는 편이다. Z
17. 나는 기본적으로 다른 사람을 신뢰하는 편이다. Y
18. 아이를 포함해 누구라도 자신의 의견을 가질 권리가 있다. Z
19. 좀처럼 스스로 결단하고 행동하지 못한다. X
20. 용모에는 자신감을 가지지 못한다. X
21. 자신의 얼굴이나 모습에 매력이 있다고 생각한다. X
22. 자신감이 부족하므로 대체로 다른 사람에게 맞춘다. X
23. 내심 다른 사람을 돕는 것은 응석을 받아주는 것이므로 다른 사람을 도울 필요가 없다. Z
24. 자신 있게 내세울 수 있는 능력이 있다. W
25. 다른 사람이 자기주장을 하거나 경제적으로 풍요로워지는 것은 좋은 일이라고 생각한다. Y
26. 나와 다른 행동이나 생각을 가지고 있는 사람은 가능하면 배제하고 싶다. Z
27. 나는 다른 사람들과 원만하게 지낼 수 있다. Y
28. 다른 사람이 행복할 때 함께 기뻐할 수 있다. Y
29. 나는 사람들 앞에서 말할 때 그다지 불안하거나 초조하지 않다. W
30. 친구나 동료와 함께 있고 싶지 않다. X
31. 싫은 사람과 함께 일할 수 있다. Y
32. 후배나 아랫사람이 나를 따르는 것은 당연하다. Z
33. 사람은 스스로 매사를 결정할 권리가 있다. Y
34. 동료가 실수해도 계속해서 책망하지는 않는다. Y
35. 나 자신을 그다지 존경할 수 없다. X
36. 동료에 비해 나는 타인에게 엄격한 평가를 내린다. Z
37. 나는 다른 사람을 별로 칭찬하지 않는 편이다. Z
38. 다른 사람이 할 수 있는 일은 나도 할 수 있다. W
39. 다른 사람을 이용하여 나의 처지나 업무를 개선하려는 경향이 있다. Z
40. 나는 실수하거나 낙담하는 경우가 생겨도 긍정적으로 생각한다. W

[테스트 2]

[테스트 1]과 마찬가지로 다음 질문에 평소 자신이 가지고 있는 태도에 해당되면 ○, 해당되지 않으면 ×, 어느 쪽이라고도 말할 수 없는 경우에는 △를 기입하라. 가능하면 ○나 ×로 답하라.

1. 무슨 일이든 핵심이 무엇인지 확인한다.
2. 매사를 분석하여 사실에 바탕을 두고 생각한다.
3. 왜 그런지 이유를 검토한다.
4. 감정적이라기보다는 이성적이다.
5. 신문의 사회면에 관심이 있다.
6. 결말을 예측하여 준비한다.
7. 매사를 냉정하게 판단한다.
8. 모를 때는 알 때까지 탐색한다.
9. 업무나 생활을 계획하고 기록한다.
10. 다른 사람이라면 어떻게 할지 객관적으로 생각한다.

[판정]
[테스트 1]과 [테스트 2] 모두 ○을 2점, △를 1점, ×를 0점으로 계산한다.
[테스트 1]은 X, Y, W, Z라는 같은 알파벳끼리의 점수를 집계한다.
[테스트 2]는 10개의 질문 전부의 점수를 합한다.

[결과]
[테스트 1]
X (   )점 · Y (   )점 · W (   )점 · Z (   )점
5개의 점수를 다음 페이지의 그래프에 기입한다.
[테스트 2]
(   )점 그래프의 A(중앙)에 기입한다.

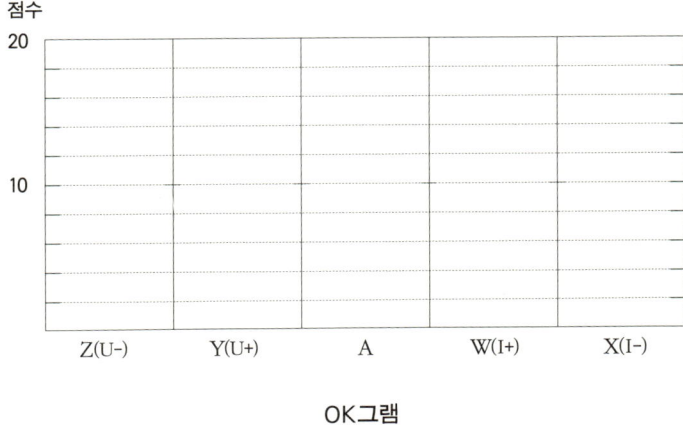

OK그램

[OK그램을 읽는 방법]

- [테스트 1]의 X, Y, W, Z는 각각 다음의 자세를 나타낸다.

X '나는 OK가 아니다'라고 자신을 부정하는 자세. (I-)라고 표기한다.

Y '당신은 OK다'라고 타인을 긍정하는 자세. (U+)라고 표기한다.

W '나는 OK다'라고 자신을 긍정하는 자세. (I+)라고 표기한다.

Z '당신은 OK가 아니다'라고 타인을 부정하는 자세. (U-)라고 표기한다.

이를 조합하여 인생 태도를 파악한다. 예를 들어 W=(I+)와 Z=(U-)의 점수가 모두 높으면 '나는 OK다, 당신은 OK가 아니다'라는 인생 태도가 된다.

그래프의 형태로 다음과 같이 간단히 판별할 수 있다.

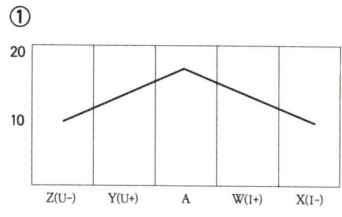
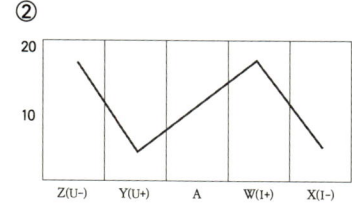
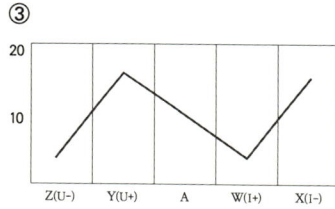
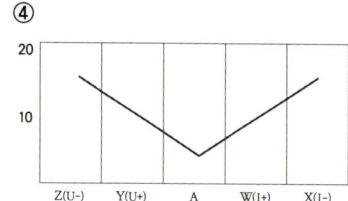

① 그래프가 산(山) 모양 – 나는 OK다, 당신도 OK다
② 그래프가 N자를 거꾸로 한 모양 – 나는 OK다, 당신은 OK가 아니다
③ 그래프가 N자 모양 – 나는 OK가 아니다, 당신은 OK다
④ 그래프의 가운데가 낮은 모양 – 나는 OK가 아니다, 당신도 OK가 아니다
어떤 모양에도 해당하지 않을 때는 다시 한 번 각각의 수치를 자세히 살펴보고 그 조합을 통해 판단하기 바란다.

• [테스트 2]는 마음속에 존재하는 A(어른의 마음)의 강도를 보는 질문이다. 점수가 높을수록 A가 원활하게 작용한다고 할 수 있다. 점수가 낮은 사람은 인간관계에서도 감정적으로 되기 쉽고 충돌을 피하기 힘든 유형이므로 객관적인 A를 강화하기 바란다. 이를 위해서는 [테스트 2]의 질문에 ×라고 기입한 부분에 주목하라. 그 부분이 당신의 약점이다.

예를 들어 '신문의 사회면~'이라는 항목이 ×라면 그 대답을 ○로 바꾸기 위해 오늘부터 신문을 읽도록 하자. '~계획하고 기록한다'는 항목이 ×라면 오늘부터 스케줄을 수첩에 적어서 관리하도록 하자. 이렇듯 꾸준히 노력하면 다음에 [테스트 2]를 실시할 때는 그 항목에 ○를 기입하여 점수를 올릴 수 있다.

참고로 [테스트 2]는 SGE(자기성장 에고그램)의 질문을 사용했다. SGE(자기성장 에고그램)는 LCC 스트레스 연구소 소장인 가쓰라 다이사쿠 교수가 창안하고 필자와 동료들이 개량한 교류분석을 위한 테스트다.

부록 2

교류분석에 대해 더 알고 싶은 두세 가지 것들

자아상태

자아상태의 오해와 진실

에릭 번의 자아상태 모델은 사람들의 관계 심리를 단순 명쾌하게 설명하는 만큼 오해도 많다. 이에 대한 오해와 진실을 알아보자.

① 교류분석의 자아상태는 단순 명쾌하다?
교류분석을 설명한 많은 책들이 가치판단을 하는 자아를 P, 감정을 느끼는 자아를 C, 사고하는 자아를 A로 단순 판단한다. 이는 자아상태에서 시간과 개인적인 경험을 고려하지 않은 것이다. 번은 자아상태가 과거의 반영이라는 점을 강조했다. 예컨대 C의 자아상태라고 할 때, 이는 일반적인 부모의 감정이 아니라 과거 부모나 부모와 같은 인물로부터 영향을 받은 사고나 감정이 나타나는 것이다. C도 마찬가지다. 단순한 아이의 마음이 아니라 개개인이 어릴 때 자주 했던 행동과 이에 따른 감정이나 경험이 나타난다. 물론 A는 P나 C와 달리 어른이 된 지금의 상황에 반응하는 상태다. 이처럼 교류분석을 통해 한 인간의 심리를 통찰하기 위해서는 더 깊은 사고와 다양한 관찰이 필요하다.

② 자아상태는 프로이트의 이론을 베낀 것이다?

흔히 P, A, C 세 자아상태는 정신분석학의 아버지인 프로이트의 초자아, 자아, 이드와 비교되곤 한다. 따라서 일부에서는 번이 프로이트의 이론을 살짝 뒤바꾼 것에 불과하다고 비판한다. 이에 유럽 교류분석 협회 회원인 이안 스튜어트 박사는 번과 프로이트 모델에 근본적인 차이가 있다고 지적한다.

먼저 프로이트의 이론은 순수 이론적 개념이라면 번의 세 자아상태는 관찰 가능한 행동의 단서라고 주장했다. 또한 프로이트의 세 구성 요소가 모두에게 적용되는 일반화된 것이라면 번의 세 자아상태는 개인의 경험에 따라 다르게 나타난다고 설명했다.

③ 자아상태는 고정돼 있다?

이는 ①에 대한 오해와 관련돼 있다. 많은 이들이 자아상태가 고정돼 단순하게 적용할 수 있다고 생각한다. 하지만 앞서도 밝혔듯 자아상태는 개인의 감정과 경험이 종합된 행동으로 정의된다. 퍼즐처럼 끼워 맞추는 게 아니다. 특히 A 자아상태는 경험에 따라 계속 변한다. 번은 하루를 경험의 단위로 사용해 '자아 단위(ego unit)'라고 불렀다. 사람은 깨어 있는 동안 경험하고, 꿈을 꾸며 그 경험을 동화시킨다. 다음날 그 단위 경험으로 새롭게 시작할 수 있다.

기본 태도는 변하는 순서가 있다

사람에 따라 네 가지 태도(1장 '인간관계를 좌우하는 네 가지 유형' 참고)를 오가지만, 대부분 하나의 기본 태도를 유지한다. 기본 태도는 주로 어린 시절에 결정된다. 물론 이 태도는 바뀔 수 있다. 스스로 자신의 태도를 통찰하거나 외부의 강력한 경험에 따라 변화되는 것이다. 흥미로운 대목은 이 변화가 일정한 순서를 따른다는 점이다. 예를 들어 '나는 OK가 아니다, 당신도 OK가 아니다' → '나는 OK다, 당신은 OK가 아니다' → '나는 OK가 아니다, 당신은 OK다' → '나는 OK다, 당신도 OK다'라는 순서로 바뀐다. 이 가운데 '나는 OK다, 당신은 OK가 아니다'에서 '나는 OK가 아니다, 당신은 OK다'의 순서를 의아하게 생각할 수 있다. 이에 대해 이안 스튜어트는 이렇게 설명했다.

"실제 임상에서 '나는 OK다, 당신은 OK가 아니다'는 '나는 OK가 아니다, 당신은 OK다'에 대한 방어일 때가 많다. '나는 OK가 아니다, 당신은 OK다'라고 결정한 유아는 부모 앞에서 무력하다는 현실을 방어하기 위해 그 자세를 취하는 것이다. 어른으로 성장하기 위해서는 이런 유아기적 고통을 직면해야 한다."

자아상태의 배제

사람에 따라 하나의 자아상태를 사용하지 않는 경우가 있는데, 이를 '배제'라고 한다. 만약 P의 자아상태를 배제하면 세상의 규칙 대신 상황에 따라 스스로 규칙을 만들어 간다. A 자아상태를 배제하면 현실에 잘 적응하지 못하고, P-C 간의 내면에만 집중해 둘 간의 끊임없는 갈등에 휩싸인다. C 자아상태를 배제하면 유년 시절의 기억을 잘 떠올리지 못한다. 감정을 잘 표현하지 못하거나 냉정한 태도를 취하기 쉽다.

한편 세 자아상태 가운데 두 가지 이상을 배제하면 하나의 상태에만 고립된다. 만일 P에 고립되면 부모로부터 빌려온 방식으로 행동하고 사고한다. 그 규칙만 따르는 것이다. 이런 사람은 속에 내재된 규칙을 따르며 늘 진부한 충고나 오래된 구호만 외치는 것처럼 보인다. A 자아상태에만 고립된다면 즐길 줄 모르는 사람이 되기 쉽다. 번은 한 과학자를 예로 들며 "그는 계획자, 정보 수집가, 자료 처리자로서 혼자 거의 모든 일을 처리했다. 파티에서 그는 다른 사람들과 어울려 즐기지 못했고, 필요한 경우 아내에게 남편 역할을 하거나 학생들에게 아버지 같은 따뜻한 격려를 할 수 없었다"고 A 자아상태에만 놓인 사람을 설명했다. 반대로 C 자아상태에만 놓여 있다면 늘 어린이처럼 행동하고 사고한다. 위기에 처하더라도 현실 검증 기능이 떨어져 주로 감정적으로 대처한다. 그렇다고 모든 상황에서 어떤 상태들이 배제되는 것은 아니다. 상황마다 어떤 상태가 배제될 뿐이다.

게임

게임의 공식

게임에는 일반적인 공식이 있다. 번은 게임은 여섯 단계를 거쳐 진행된다고 설명했다.

속임수(Con) + 약점(Gimmick) = 반응(Response) → 전환(Switch) → 혼란(Grossup) → 보상(Payoff)

게임을 하는 사람은 일종의 미끼인 '속임수'를 드러내며 시작한다. 1장의 사례에서 본 A처럼 상대가 자신의 미끼에 반응하도록 '약점'을 드러낸다. 이렇게 교류가 이루어지는 것이다. 하지만 상대의 '반응'이 나타나면 게임을 시작한 사람이 "음 근데……"와 같은 '전환'을 한다. 여기서 두 사람 모두 '혼란'을 느낀다. 이 혼란 속에서 게임을 하는 사람과 상대 모두 불쾌한 감정이라는 '보상'을 얻는다. 번은 환자와 치료자 간의 관계를 예로 들며 이 관계를 설명했다.

"환자는 '제가 나아질까요?'라고 물었다. 치료자는 '당연하다'고 친절하게 답한다. 순간 환자는 자신의 질문에 숨겨진 진짜 동기를 드러낸다. '고맙다'는 말 대신 '무슨 근거로 당신이 다 안다고 생각하나요?'

라고 말하며 전환을 한다. 이런 대답은 치료자를 교란시키는데, 이것이 바로 환자가 원하는 것이다. 이로써 게임은 끝이 난다. 환자는 치료자를 놀렸다는 데 즐거움을 느끼고, 치료자는 좌절한다. 이것이 바로 보상이다."

이런 게임은 정해진 시간은 없다. 몇 분 안에 끝나기도 하고 몇 달 혹은 몇 년이 걸리기도 한다. 오랜 기간 지속될 경우 게임을 하는 사람과 그 상대는 속임수와 약점이라는 이면적 메시지를 계속 반복한다.

드라마 삼각형

교류분석 심리학자인 스티븐 카프먼은 게임을 분석할 수 있는 '드라마 삼각형(Drama Triangle)'을 제시했다. 이 삼각형은 인간 행동을 자주 되풀이하는 세 가지 패턴인 박해자(Persecutor), 구원자(Rescuer), 희생자(Victim)로 분류한 것이다(2장 '역할 교환에 따른 게임 재분류' 참조).

박해자는 상대방을 얕잡아 보고 무시해도 좋다고 생각한다. 구원자는 상대에 대한 태도는 박해자와 같지만 우위에 서서 상대를 도우려 한다. '타인은 능력이 없기 때문에 내가 나서서 도움을 줘야 한다'는 입장이다. 스스로를 무능력하다고 생각하는 희생자는 자기 자신을 무시하고 억압할 박해자나 '나는 무능력해'라는 생각을 확인해 줄 구원자를 찾기도 한다.

 게임 참가자들은 이 세 가지 역할을 바꿔가며 맡는다. 예컨대 누군가에게 도움을 줄 수 있는 구원자로 시작했다 도움을 거부당하면 희생자로 바뀌었다가 마지막에는 상대를 박해하는 박해자로 끝이 나는 식이다. 이는 당사자가 어떤 역할을 맡든 그것이 진정한 자신의 모습이 아니라는 반증이기도 하다. 이 드라마 삼각형은 게임 공식 중 '전환' 단계에서 발생한다.

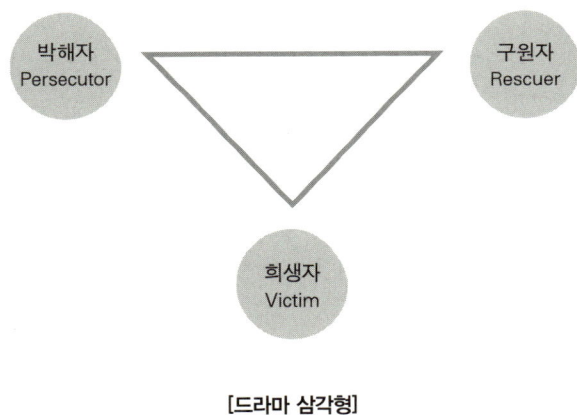

[드라마 삼각형]

| 게임에 대처하는 자세

각 게임에는 거기에 맞는 대응법이 있지만 게임에 전반적으로 대처하는 방법을 알아두는 것도 유용하다.

① 진짜 메시지를 파악하라
게임을 하는 사람들은 자신의 본심을 숨긴 채 나쁜 습관을 드러낸다. 그때 상대의 진짜 메시지를 파악하는 게 중요하다. 그 메시지를 파악하고 게임의 의도를 발견하면 다른 게임을 사전에 막을 수 있다.

② 부정 안에서 긍정을 발견하라
만일 메시지를 파악하지 못했다면 게임의 결말에서 부정적인 감정 대신 긍정적인 감정을 얻으려고 노력하라. 예컨대 게임이 진행되면 마지막에는 당혹감과 후회라는 감정이 들 것이다. 이때 감정에 매몰될 필요는 없다. 오히려 게임을 했다는 사실을 인지하고, 그 사실을 깨달은 자신을 격려하라. 이 방식을 자주 사용하면 앞으로 게임을 하는 횟수를 줄일 수 있다.

③ 대체재를 찾아라
만약 상대에 대한 관심을 얻고 싶어 게임을 한다면 무조건 게임을 중단시키면 오히려 역효과가 날 수 있다. 따라서 이런 게임을 하는 사

람들은 게임 외에 상대에게 관심과 도움을 얻을 다른 방법을 찾아야 한다. 친숙했던 속임수를 벗고 주위로부터 변화에 대한 지지를 얻는 것이다. 이런 방법을 통해 조금씩 게임에서 벗어나게 된다.

스트로크

자가 스트로크

자존감이 넘치는 사람도 있지만 스스로에 대한 스트로크가 부족한 경우도 많다. 남들이 아무리 칭찬해도 '별 것도 아닌데 다들 왜 저러지'라는 식으로 반응하는 것이다. 이런 마음은 어릴 때 주변으로부터 자기 자신에게 스트로크를 주지 말라는 당부가 몸에 배인 탓이다. 어른이 되어도 이런 습관을 떨쳐내기란 쉽지 않다. 남들은 인정하는 업적이나 성공을 스스로 깎아내리기도 한다.

하지만 남들에게 받는 스트로크만큼이나 자기 자신에게 주는 스트로크도 중요하다. 이를 '자가 스트로크(self-stroking)'라고 한다. 자가 스트로크는 자존감을 높이고 개인의 삶을 풍요롭게 만든다. 따라서 자가 스트로크가 부족하다면 연습을 통해 보충하는 것이 좋다.

흔히 하는 자가 스트로크 연습은 모임에서 장점 말하기다. 사람들의 격려와 인정 속에서 긍정적 자신감을 얻을 수 있다. 만약 여러 사람과 함께 하기 어렵다면 자신의 장점을 하나씩 글로 써 보라. 또 생활 속에서 작은 성공이라도 스스로 축하하고 선물을 주는 방법도 도움이 된다. 스트로크는 한계가 있는 것이 아니다. 자기 자신에게 주든 타인에게 받든 스트로크는 삶에 긍정적인 에너지가 될 것이다.

스트로크 경제

스트로크는 살아가는 데 꼭 필요한 마음의 양식이다. 하지만 여러 가지 도덕적·사회적 규범 때문에 스트로크에 대한 자유로운 교환은 가로막혀 있다. 이에 대해 미국의 심리학자인 클로드 슈타이너는 '스트로크 경제(stroke economy)'라는 용어로 왜 스트로크가 제한되는지를 설명했다.

슈타이너에 따르면 우리는 어릴 때 부모로부터 스트로크를 제한받는다. 그 제한 규칙은 다음과 같다.

① 줄 수 있는 스트로크가 있어도 주지 말라.
② 스트로크가 필요해도 요구하지 말라.
③ 스트로크를 원해도 받아들이지 말라.
④ 스트로크를 원하지 않아도 거절하지 말라.
⑤ 자기 자신에게 스트로크를 주지 말라.

부모들은 이 같은 스토로크의 제한을 통해 자녀를 통제한다. 달리 말하면 스트로크의 공급을 줄이는 대신 가치를 높이는 것이다. 스트로크 없이 살 수 없는 아이들은 스트로크를 얻기 위해 부모의 원칙을 따른다. 공급을 줄이고 가격을 높이는, 스트로크 경제의 원리다.

어른이 되어도 무의식적으로 이런 규칙을 따른다. 정부, 기업 등 스트로크를 독점하는 집단에게 복종하는 것이다. 그만큼 지배와 억압을 받기 쉽다는 뜻이다. 따라서 슈타이너는 어린 시절에 주입된 스트로크 경제를 극복할 필요가 있다고 강조했다. 자기든 타인이든 원하는 만큼 스트로크를 주고받고 그것들을 받아들이거나 거부할 권리는 오로지 본인의 몫이다.

그 외 개념들

드라이버

임상심리학자인 카알러$^{\text{T. Kahler}}$는 아주 짧은 시간 안에 각본이 실행되는 '미니 각본(Miniscript)'이라는 개념을 창안했다. 이때 각본 행동이나 감정에 빠져들기 전에 일관성 있게 드러나는 다섯 가지 행동들이 있는데, 이를 '드라이버^{driver}'라고 불렀다. 짧은 시간 내에 인생 각본을 재연하는 미니 각본은 드라이버로 시작되는 것이다. 드라이버는 1초 안팎의 아주 짧은 순간에 드러나는 말, 어조, 제스처, 자세, 얼굴 표정 등으로 파악할 수 있다(아래 '미니 각본' 표 참조). 다섯 가지 드라이버는 다음과 같다.

① 완벽하게 하라(Be perfect).
② 열심히 하라(Try hard).
③ 기쁘게 하라(Please others).
④ 서둘러라(Hurry up).
⑤ 강해져라(Be strong).

드라이버는 항상 숨겨진 내면을 감추고 있다. 예컨대 '강해져라'라는 드라이버를 드러낸다면 내면에는 '내 감정이나 내가 원하는 것을 숨겨야 한다'는 메시지가 있는 것이다. 이를 감추려고 얼굴 표정은 차갑게 굳어 있고, 팔짱을 끼며 무심한 척 상대를 대한다. 이 각본에서 벗어나려면 '허용'의 자세를 취하는 게 좋다. 예를 들어 '강해져라' 대신 '원하는 것을 그대로 표현하라' '완벽하게 하라' 대신 '지금 그대로 충분하다'와 같은 메시지를 반복하는 것이다.

미니 각본 표

	말	어조	제스처	자세	얼굴 표정
완벽하게 하라	아마 확실히 당연히 어쩌면 내 생각에는	정제되고 바른 목소리	손가락 세기 턱 괴기 머리 긁기	허리를 곧게 편 똑바른 자세	긴장되고 엄격한 표정
열심히 하라	어렵다 할 수 없다 모르겠다 노력하겠다	긴장되고 조급한 목소리	주먹 꼭 쥐기	앞으로 기울이기 무릎에 손 올려놓기	찌푸리기 당황하기
기쁘게 하라	알다시피 음 괜찮아?	높고 징징대는 목소리	손바닥을 위로 내밀기	몸을 기울인다	눈썹 올리기 눈길 멀리주기
서둘러라	어서 서두르자 빨리	빠르고 급하다	가볍게 두드리기 우물쭈물하기	빠르게 움직이기 초조해 하기	찌푸리기 눈 돌리기
강해져라	내 상관할 바 아니다 할 말 없다 너 때문이다	단조롭다	특징 없음	다리 꼬기 팔짱 끼기	차갑다 굳어 있다

드라이버와 허용

드라이버	허용
완벽하게 하라	지금 그대로도 좋다
열심히 하라	그냥 해라
기쁘게 하라	자신부터 기뻐하라
서둘러라	여유를 가져라
강해져라	원하는 것을 그대로 표현하라

디스카운트

'디스카운트discount'는 자기 자신도 모르게 특정 정보를 무시하고 수동적 자세를 취하는 행위다. 한마디로 자신의 가치를 평가절하 하는 것이다. 이 상황에서는 자신에게 닥친 문제를 제대로 해결하지 못한다. 흔히 인간은 부정적인 자아상태일 때 디스카운트를 하게 된다. 이는 인간관계에서 불편하고 어색한 감정을 느끼고 행동하는 자아상태를 만든다.

예를 들어 자신이 주문한 까페라떼가 커피는커녕 우유도 거의 없이 물만 가득 타 형편없는 맛이었다고 가정해 보자. 이때 카페 주인에게 '커피나 우유를 더 넣어 달라'는 요구를 할 수 있다. 그런데 '얘기한다고 해서 달라지겠어?'라고 미리 판단하고 그냥 넘어간다면 디스카운트를 한 것이다. 디스카운트는 과장도 포함된다. 카페 주인에게 모든 것이 달려 있다고 생각하면서 그의 능력과 권한을 과장하는 것이다. 디스카운트를 확인할 수 있는 수동적 행동을 살펴보자.

① 아무 조처도 하지 않는다
회의에서 자기 차례인데도 아무 반응을 보이지 않거나 부당한 대우를 받아도 상대의 능력을 과장해 외면하는 행위 등이 포함된다. 즉 문제 해결을 위해 자신의 능력을 디스카운트 하고 어떤 행동도 하지 않는 것이다.

② 과잉 적응한다
하루 종일 밖에서 일을 하고 막 돌아온 주부가 아무 말 없이 온갖 집안일을 다 한다. 그녀가 집안일을 좋아하는 것도 아니다. 남편에게 부탁해 본 적도 없다. 그러면서도 거부할 생각조차 하지 않는다. 그저 남편이 원하는 것 같기에 하는 것뿐이다. 이처럼 자신의 추측에 따라 행동할 능력을 디스카운트 하고 상대방이 원할 것 같은 행위를 따르는 것을 '과잉 적응(over-adaption)'이라고 한다.

③ 짜증을 낸다
기차로 여유롭게 여행을 하는데 옆좌석에 앉은 사람이 누군가와 시끄럽게 통화를 한다. 처음에는 '저러다 말겠지' 하고 내버려둔다. 그런데 통화는 끊이지 않는다. 아무 말도 못 하고 신경질적으로 좌석 시트만 긁어댄다. 문제 해결을 위한 행동보다 짜증 섞인 습관들만 반복하는 것이다.

④ 폭력을 행사하거나 반대로 무력화한다

사귀던 여자친구가 헤어지자는 통고를 했다. 순간 분을 참지 못하고 주변에 있는 물건을 닥치는 대로 부수고 사람들에게도 행패를 부린다. 이 같은 폭력도 디스카운트에 포함된다. 흔히 폭력은 수동성과 거리가 멀다고 생각하지만 문제를 해결하지 못한다는 점에서 다른 수동적 행위와 마찬가지다.

 문제가 생겼을 때 아무것도 할 수 없는 무력화 또한 자신을 향한 폭력이다. 무력화는 자신의 문제를 타인과 연결 짓는 경우가 많다.

디스카운트는 주로 부정적인 P나 C 자아상태일 때 많이 발생한다. 이 상황에서는 어떤 문제 해결도 쉽지 않다. 자신을 과소평가하거나 상대를 과대평가하면서 스스로를 수동적 위치에 놓는다. 결국 자신에게 닥친 그 어떤 문제도 해결하지 못한 채 짜증을 내거나 폭력을 휘두르는 식의 디스카운트를 반복한다.

 이런 디스카운트를 해결하려면 심리 치료용으로 많이 활용되는 '디스카운트 매트릭스'라는 방법을 활용하면 된다. 핵심만 말하면 본인 혹은 타인 중 어느 영역에서 디스카운트 하는지를 찾고, 그때 자신의 자아상태를 살피는 것이다. 나아가 A 자아상태에서 그 상황을 인지해 디스카운트를 중지하고 현실에 맞는 대응책을 찾는 노력이 필요하다.

라켓 감정과 스탬프

머리말에서 라켓 감정을 '만성적 불쾌감'이라고 표현했다. 주로 스트레스 상황에서 받는 감정을 말한다. 이 감정은 아동기에 주변 사람들이나 부모를 통해 학습된다. 즉 어린 시절 가정에서 어떤 감정이 허용되는지 어떤 감정이 억압되는지에 따라 결정되는 것이다. 흔히 성별에 따라 다르게 나타나기도 한다. 남자 아이의 경우 공격적인 행동은 허용되지만 눈물을 흘리는 것은 용납되지 않는다. 반대로 여자 아이는 눈물은 허용되지만 공격성은 수용되지 않는 식이다. 라켓 감정은 이런 억압과 수용의 결과물이다.

한 남자 아이가 밤길이 무서워 엄마에게 안아달라고 보챈다. 이때 엄마는 "남자는 어디서든 용감해야지, 그렇게 겁을 먹으면 안 돼"라고 단호히 거부했다면 어떨까? 아이는 엄마에 대한 스트로크를 얻기 위해 이 같은 스트레스 상황에서 겁을 먹는 대신 다른 감정들을 선택할 것이다. 이때 공격성에 대한 엄마의 스트로크가 가장 강했다면 아이는 스트레스 상황에서 그 감정을 반복하게 된다. 다른 감정은 무시하고 공격성만이 스트로크를 얻을 수 있다고 결론을 내린 것이다.

어른이 되어서도 이런 행동은 반영된다. 지하철이나 버스를 기다릴 때, 식당 종업원이 자신의 주문을 외면했을 때, 직장에서 동료들이 자신을 외면한다고 느낄 때 합리적인 해결책을 찾기보다 느닷없이 공격성을 나타낼 수 있다. 이런 감정을 드러냄으로써 어린 시절 부모의

지지를 얻었을 때처럼 환경을 조작하려는 것이다. 어쩌면 라켓 감정의 정당성을 획득하기 위해 문제 상황을 만들어 냈는지도 모른다.

라켓 감정은 진짜 감정을 숨긴다. 자신의 감정을 숨긴다면 자신에게 닥친 문제를 해결할 수 없다. 슬퍼하거나 두려워할 때 화를 내고, 반대로 화를 내야 할 때 두려워한다고 생각해 보라. 타인은 물론 결국 자신 또한 불쾌감을 가질 수밖에 없다.

제때 감정을 드러내지 못하고 시간이 지난 후 반복해 느끼는 두려움, 분노, 슬픔 또한 라켓 감정으로 분류된다. 결국 라켓 감정들은 닥친 문제를 회피하고 본인이 어린 시절 겪었던 익숙한 상황에만 감정을 맡긴 때문에 발생한 것이다.

한편 라켓 감정을 드러내지 않고 저장했다 다른 식으로 해소하는 것을 '스탬프stamp'라고 한다. 이는 '심리적 거래 스탬프(psychological trading stmap)'의 줄임말이다. 과거 미국의 슈퍼마켓에서는 손님들에게 스탬프를 줬다. 이 스탬프를 모으면 다른 물건과 교환이 가능했다. 교류분석에서 말하는 스탬프는 자신의 라켓 감정을 모아 다른 곳에서 폭발시키는 것이다. 예컨대 팀장의 잔소리에 시달렸던 팀원이 그때 느낀 '짜증'이라는 스탬프를 모았다가 가장 가까운 친구나 아내와 싸우는 데 이용하는 것이다.

결국 라켓 감정과 스탬프는 자신의 감정을 잘못 파악하고, 자신에게 유리하거나 익숙하다고 생각되는 행동만 반복하는 데서 오는 불쾌감이다. 이런 감정에서 벗어나려면 문제 상황에서 자신이 어떤 문제로 스트레스를 받는지부터 정확하게 파악하는 것이 중요하다.

에릭 번과 교류분석

에릭 번은 1910년 캐나다 몬트리올에서 태어났다. 출생 당시 그의 이름은 에릭 번스타인^{Eric Bernstein}이었다. 그는 의사인 아버지의 뒤를 이어 맥길 대학에서 의학 박사 학위를 받았다. 이후 미국 예일대 의대에서 정신과 레지던트 과정과 뉴욕 시에 있는 시온 병원 정신과에서 일했다. 이 시기에 미국 시민권을 획득한 그는 자신의 이름을 에릭 번^{Eric Berne}으로 바꾸었다. 1941년 번은 뉴욕 정신분석협회에서 정신분석가 수련을 시작했고, 프로이트의 제자였던 파울 페드론^{Paul Federn}에게 분석을 받기도 했다. 그 후 미국 육군 의무대에 입대해 군의관으로 2차 세계대전에 참전했다. 이때 그는 집단 치료를 실시했고, 이 연구는 교류분석에 큰 도움이 됐다.

군에서 제대한 번은 정신분석학자인 에릭 에릭슨^{Erik Erikson}에게 정신분석 훈련을 받으며 논문과 정신 분석에 관한 책들을 집필했다. 이때 번은 기존의 정신분석에 관한 비판(주로 정통 프로이트 학파에 대한 비판이었다)의 목소리를 냈고 결국 정신분석협회 가입을 거부당한다. 정신분석협회 심사위원들은 번에게 다시 지원할 수 있다고 제시했지만 번은 거부했다. 이때부터 새로운 길을 걸었던 번은 기존의 정신분석 학계의 한계에서 벗어나 대안적인 심리치료를 개발하는 데 집중했다. 특히 번은 치료자와 내담자가 함께 치료 과정에 참여하고 내담자가 쉽게 알아들을 수 있는 심리 치료를 위해 노력했다.

이 시기에 본격적으로 교류분석을 다룬 《Transactional analysis in psychotherapy(심리치료에서의 교류분석)》(1961)을 출판했다. 이 책에서 번은 지금까지의 모든 연구를 통합해 인간의 성격과 인간관계에 대한 이론을 규명해냈다. 3년 후 번은 게임 분석을 통해 심리를 파악한 《Games People Play(심리적 게임)》을 펴냈다. 세계적인 베스트셀러가 된 이 책은 교류분석 사상을 전 세계에 전파하는 계기가 됐다. 소수의 분석가들을 위해 쓴 이 책에 대중들의 찬사가 쏟아졌다. 대중들은 "스트로크" "게임" 같은 용어들을 일상에서 사용했다.

그 후 번은 《Sex in Human Loving(사랑과 성)》《What Do you Say After You Say Hello?(인사를 한 다음 무슨 말을 하나요?)》등 두 권의 책을 더 완성했다. 하지만 번은 이 책들의 출간을 보지 못한 채 1970년 7월 15일 심장발작으로 사망했다.

번은 사망했지만 그가 뿌린 씨앗은 거대하게 자라났다. 번의 사망 전후로 교류분석 전문가들이 모인 국제교류분석협회(ITTA, International Transactional Analysis Association) 회원은 만여 명을 훌쩍 넘겼다. 국제교류분석협회 외에도 미국교류분석협회(ATAA), 서태평양교류분석협회(WPATA), 라틴아메리카교류분석협회(ALAT), 교류분석유럽협회(EATA) 등 다양한 협회들이 구성돼 있다. 또한 스티븐 카프먼, 클로드 슈타이너, 이안 스튜어트 등을 포함해 뛰어난 학자들이 번의 이론을 뒤이어 교류분석 연구 확대에 기여했다. 이런 학자들의 활동으로 오늘날 교류분석은 개인과 집단을 포함한 각종 심리 치료와 상담, 교육 등에 활발하게 사용되고 있다.

NAZEKA ONAJI SHIPPAI O KURIKAESHITESHIMAU HITOTACHI
by Mutsumi Ashihara
Copyright ⓒ Mutsumi Ashihara, 2006
All rights reserved.
Original Japanese edition published by FUSOSHA Publishing, Inc., Tokyo.

This Korean language edition is published by arrangement with
FUSOSHA Publishing, Inc., Tokyo in care of Tuttle-Mori Agency, Inc., Tokyo
through Yu Ri Jang Literary Agency, Seoul.

이 책의 한국어판 출판권은 유·리·장 에이전시를 통한 저작권자와의 독점계약으로 한문화멀티미디어에 있습니다. 저작권법에 의해 한국 내에서 보호를 받는 저작물이므로 무단 전재와 무단 복제를 금합니다.

그 사람과 나는 왜 항상 꼬이는 걸까

초판 1쇄 발행 2011(4344)년 3월 31일
초판 2쇄 발행 2013(4346)년 7월 12일

지은이 · 아시하라 무츠미
옮긴이 · 이서연
펴낸이 · 심정숙
펴낸곳 · (주)한문화멀티미디어
등 록 · 1990. 11. 28. 제 21-209호
주 소 · 서울시 강남구 논현2동 277-20 논현빌딩 6층 (135-833)
전 화 · 영업부 2016-3500 편집부 2016-3534
http://www.hanmunhwa.com

편집 · 이미향 강정화 최연실 진정근
디자인 제작 · 이정희 목수정
마케팅 · 강윤정 권은주 | 물류 · 박진양 임선환
영업 · 윤정호 조동희 | 물류 · 윤장호 박경수

만든 사람들
책임 편집 · 진정근 | 디자인 · 이은경 | 그림 · 이부영

ISBN 978-89-5699-113-9 03180

잘못된 책은 본사나 서점에서 교환해 드립니다. 저자와의 협의에 따라 인지를 생략합니다.
본사의 허락 없이 임의로 내용의 일부를 인용하거나 전재, 복사하는 행위를 금합니다.